평신도 제자훈련 교육교재
제2단계 세례 교재

개역개정판 성경 사용

믿음

F A I T H

[인도자용]

KB190811

사랑마루

평신도 제자훈련 교육교재

제2단계 세례 교재 - 인도자용

발행일 : 초 판 1쇄 인쇄 2007년 6월 22일
개정판 1쇄 인쇄 2010년 8월 31일
2쇄 인쇄 2013년 6월 24일
3쇄 인쇄 2016년 4월 28일
4쇄 인쇄 2019년 9월 30일

발행인 : 김진호
편집인 : 송우진
책임편집 : 전영욱
기획/편집 : 강영아, 장주한
디자인/일러스트 : 권미경, 하수진
홍보/마케팅 : 고석재
행정지원 : 조미정, 신문섭

펴낸곳 : 도서출판 사랑마루
서울시 강남구 테헤란로64길 17(대치동)
대표전화 : TEL (02) 3459-1051~2/ FAX (02) 3459-1070
홈페이지 : http://www.eholynet.org, http://www.ibcm.kr
등록 : 2011년 1월 17일 등록번호/ 제2011-000013호
값은 뒤 표지에 있습니다. 잘못된 책은 구입하신 곳에서 교환해 드립니다.
ISBN : 978-89-7591-233-7 03230

목차

세례 교육과정 : 김한옥

세례 교재집필 : 정성민 양정환 김대식

평신도를 예수님의 제자로

평신도는 단지 예배 참석자가 아닙니다. 평신도는 목회의 동역자입니다. 평신도가 예수님의 제자로 세움을 입어서 주님의 명령(마 28:18-20)대로 가르쳐 지키게 하는 사명을 감당해야 합니다. 평신도들이 사역의 주체가 될 때, 아름다운 주님의 교회가 세워지고 하나님의 나라가 확장될 것입니다.

교단창립 100주년 교육사업의 일환으로 성결교회 평신도 제자화 교육과정을 개발하고 4종류의 교재를 만들었습니다. 그것은 '새신자교재→세례교재→양육교재→사역교재'입니다. 교회에 처음 나온 새신자도 반드시 사역자로 양성하겠다는 의지가 담겨있는 시리즈 교재입니다. 이 교재에 담겨있는 핵심 키워드는 '구원→믿음→생활→사역'입니다.

성결교회의 모든 신자들은 하나님의 은혜로 구원받아 온전한 믿음을 가지고 삶이 변화되어 주님의 사역자로 세움을 입어야 합니다. 교회에서는 새신자들이 새신자교육과 세례교육을 언제든지 받아서 온전한 신앙을 형성할 수 있도록 도와야 합니다. 그리고 양육과 사역교재를 통하여 평신도 사역자를 키워야 합니다. 만약 신앙연수가 오래되었지만 신앙이 성숙치 못한 신자가 있다면, 양육교재와 사역교재를 통하여 건강한 사역자로 세움을 입을 수 있을 것입니다.

성결교회 100주년을 기념하여 목회현장에 실제적으로 도움이 될 교재가 개발된 것은 참으로 기쁘고 감사한 일입니다. 앞으로 평신도들이 주님의 몸 된 교회의 주체가 되고, 역사의 책임 있는 존재가 될 수 있도록 돕는 교재들이 지속적으로 개발될 것입니다. 아름다운 주님의 비전을 꿈꾸며 새 역사의 주인공이 됩시다.

기독교대한성결교회 총무 김진호 목사

평신도 제자훈련 교육교재

제1단계 구원

새신자 교재(4과)

제2단계 믿음

세례 교재(10과)

제3단계 생활
예수를 따르는 삶

양육 1권(5과)	양육 5권(5과)
양육 2권(5과)	양육 6권(5과)
양육 3권(5과)	양육 7권(5과)
양육 4권(5과)	양육 8권(5과)

제4단계 사역
교회를 세우는 사역

사역훈련 교재 1권(12과)

사역훈련 교재 2권(12과)

사역훈련 교재 3권(12과)

사역훈련 교재 4권(12과)

세례자들을 위한 안전한 항로

세례교육은 학습자로 하여금 교회의 법적인 구성원이 되기 위한 준비를 하게 하고, 기독교 신앙의 틀을 정립해줌으로써 믿음의 확신을 갖게 하며, 교회의 한 지체로서 그리스도의 몸을 세우는 일에 책임의식을 가지고 참여하도록 하는 교육이다. 세례교육의 이러한 비중을 고려하여 대부분의 교파와 개교회들이 오래 전부터 교재를 만들어 세례 대상자들을 교육해 왔다. 그러나 우리 사회의 지적, 경제적 수준의 향상과 함께 세례교육 교재와 교육방법의 개편이 불가피하게 되었다.

이번에 총회본부 교육국에서 기획한 세례교육 교재는 시대적 흐름에 맞추어 새로운 교육원리와 학습자 이해를 기초로 만들어졌다. 오늘 우리 시대의 세례교육 교재는 교육내용이 충실해야 하고, 새로운 교수-학습법을 전제로 해야 하며, 무엇보다도 장년이라는 학습자를 염두에 두어야 한다.

본 교재는 이러한 점들을 고려하여 기독교의 기본교리와 사중복음을 장년교육(Andragogy)의 교수-학습법에 근거하여 기술하였다.

성인교육의 특징은 자율학습이지만, 세례교육은 교리적인 내용을 주로 가르치기 때문에 전통적인 교육방식을 완전히 탈피하기가 쉽지 않다. 까다로운 교리와 교파 간의 특색을 가르치는 데 있어서 교사의 박식한 교리지식과 교수능력은 성공적인 세례교육의 필수 조건임에 틀림없다. 그렇다고 장년을 대상으로 하는 수업을 강의와 주입식 교육 위주로 한다면 학습의 효과가 떨어지는 것은 당연하다. 교사는 성인교육 원리와 전통적인 교육원리의 장단점을 잘 살려야 할 것이다. 이 문제에 있어서 분명한 경계선을 긋자면 장년 세례교육은 성인교육의 원리에서 전통적인 원리를 비평적으로 수용하는 방식이어야 한다.

교과과정의 전반적인 내용이 이론적이기 때문에, 수업이 암기나 주입식으로 흐를 가능성이 많다. 교리는 분명하고 정확하게 아는 것이 생명이다. 그러나 기억력이 떨어지는 장년들에게 암송할 성경 구절 외에 학과에 관련된 내용들을 외우도록 하기보다 이해를 돕도록 하고, 그들의 풍부한 경험을 활용하여 교리적인 지식을 넓혀가도록 해야 할 것이다. 감사하게도 어떤 주제들은 주제와 연관된 좋은 영화들이 있기에 적절한 영화를 선택하여 전편을 모두 관람하든지 시간이 허락지 않으면 필요한 부분을 편집하여 사용한다면 학습의 효과를 높일 수 있을 것이다.

조금 더 확실하게 해야 될 부분이 있다면, 교육방법을 활용하는 문제이다. 학습자의 규모와 학습목표에 따라 교육방법은 달라져야 한다. 이 두 가지 방법을 어떻게 적절하게 조합하여 활용하느냐 하는 문제에 대해 좀 더 생각해 보아야 할 것이다. 교육평가는 개교회의 형편에 맞게 실시해야 할 것이다. 평가를 할 때, 가장 일반적인 문제들 외에 다른 것들은 개교회의 형편에 맞게 한다면 더 효과적일 것이다.

살아계신 하나님 (이사야 44장 6–8절)

· 하나님이 모세에게 이르시되 나는 스스로 있는 자이니라 또 이르시되 너는 이스라엘 자손에게 이같이 이르기를 스스로 있는 자가 나를 너희에게 보내셨다 하라 (출 3:14)

이룰 목표
1. 하나님이 어떤 분이신가를 설명할 수 있다.
2. 하나님의 속성을 말할 수 있다.
3. 하나님의 사랑과 공의에 대하여 말할 수 있다.

말씀 이해

하나님의 영원성은 '영원자존성'(永遠自存性)을 포함한다. 말 그대로 '스스로 영원히 존재하는 분'이시다. 그것은 또한 다른 어떤 것에 의존하지 않는다는 '절대성'이라고도 표현된다. 하나님은 모든 존재의 궁극적 원인이시다. '여호와'(야훼)라는 그의 이름도 그의 영원자존성을 나타낸다. 이 말은, '이다, 있다'는 뜻의 히브리어 동사 '하야'에서 나왔고, 그 의미는 '그가 (스스로) 계신다.'는 뜻이다(출 3:13,14).

하나님은 무한(無限)하시다. 우선, 하나님은 그의 존재에 있어서 무한하시다. 솔로몬은 "하나님이 참으로 땅에 거하시리이까 하늘과 하늘들의 하늘이라도 주를 용납하지 못하겠거든 하물며 내가 건축한 이 성전이오리이까"라고 하였다(왕상 8:27). 이사야도 하늘을 하나님의 보좌로 땅을 발등상으로 증거하고 있다(사 66:1). 예레미야는 여호와가 천지에 충만함을 말씀하였고(렘 23:24), 시편 139편은 우리를 찾아 음부(스올)에 까지 오실 하나님을 표현하고 있다(7–10). 하나님의 무한성은 공간적 무한성을 포함한다. 그것은 모든 공간적 제한을 초월하심과 동시에 모든 공간에 현존(現存)하심을 의미한다. 피조물인 인간은 유한성 즉 공간적 제한을 가지고 있지만, 하나님은 초월적 방식으로 모든 공간에 충만하다. 그는 안 계신 곳이 없으며 (무소부재無所不在) 어디에나 계신다(편재遍在, omnipresent).

하나님의 지혜와 지식은 무한하고 완전하다. 하나님의 지혜와 지식이 크신 것은 그가 창조하신 만물에 잘 증거 되어 있다. 성경도 하나님의 크신 지혜와 지식을 증거 한다. 욥은 '지혜와 권능이 하나님께 있다.' (욥 12:13)고 고백하였다.

하나님의 지식은 모든 지식의 원형(原形)이라고 말할 수 있다. 또한 하나님의 지식은 직각적이며 독립적이고, 총괄적이며 동시적이며 개별적이며 명확하고, 완전하며 불변적이다. 이와 대조적으로, 사람의 지식은 점진적이며 의존적이고, 부분적이며 제한적이며 불명확하고, 불완전하며 가변적이다. 하나님의 지식의 범위는 전포괄적(全包括的)이므로, 그의 지식을 보통 전지(全知, omniscience)라고 부른다. 하나님은 전지하시므로 인간이 그를 속이려는 것은 어리석은 것이다.

하나님의 전능성은 그의 인격성과 연합하여 그의 주권성(主權性)으로 나타난다. 하나님은 그가 기뻐하시는 뜻대로 무엇을 행하실 수 있다. 예수님께서는 "사람으로는 할 수 없으되 하나님으로서는 다 하실 수 있느니라"라고 하나님의 전능하심을 증거하셨다(마 19:26). 성경 역대하 20장 6절은 "주의 손에 권세와 능력이 있사오니 능히 주와 맞설 사람이 없나이다."고 했다.

물론 사람들마다 하나님의 성품에 대한 여러 가지 체험과 고백이 있을 수 있지만 그 중에서도 공의와 사랑은 하나님의 핵심적인 성품이다. 공의란 선악의 제재를 공평하게 하시는 하나님의 주권적 성품이시고, 사랑은 상대의 죄와 허물, 약함과 결핍에도 불구하고 용서(용납)해주고 자신을 내어주는 것이다. 중요한 것은 이 두 가지 성품이 독립되거나 반대되는 성격이라기보다는 서로를 보완해주고 더 나아가 하나가 없으면 나머지도 무의미해진다는 것이다. 무한, 영원, 불변하신 하나님은 인간의 모든 철학적, 종교적 질문들에 대한 해답이시다. 하나님은 인간과 우주에 대한 유일하고 완전한 대답이시다. 인간은 모든 문제의 대답이 되시는 스스로 계신 하나님, 영원자존자이신 그 분 안에서 참된 안식과 안정을 찾을 수 있다.

■■■ 마음 나누기 / 보이진 않아도 있답니다

1. 세상에는 눈에 보이지 않는 세계가 있습니다. 비록 눈에 보이지 않지만 실제로는 존재하거나 살아있는 것들에 대해서 이야기 나누어 봅시다.

(공기, 세균이나 바이러스, 연인들의 사랑, 우정 등)

예로 들은 것들은 눈에 보이지 않지만 분명히 이 세상에 존재한다. 그러나 보이는 것보다 보이지 않는 것이 더 무섭고 강한 법이다. 눈에 보이지 않는다고 해서 무시하다가 어려움을 겪게 된다. 공기 역시 눈에 보이지는 않지만 생명이 살아가는데 없어서는 안 될 요소이다. 자식을 향한 부모님의 사랑, 연인들의 사랑, 친구간의 우정 등은 눈으로 볼 수 없지만 이 세상을 더 따뜻하게 만드는 위대한 것들이다.

2. 일반적으로 하나님은 눈으로 볼 수는 없습니다. 그러나 보이지 않는다고 해서 없는 분이 아니라 모든 신앙인들의 주님이십니다. 눈에 보이지는 않지만 하나님은 어떤 분이라고 생각하십니까?

(각자의 생각을 들어보도록 한다. 나의 친구, 주인, 우리를 돌보아 주시는 분, 사랑 등의 대답이 나올 수 있을 것이다.)

학습자로 하여금 정답에 대한 부담을 갖지 않도록 배려한다. 하나님에 대해서 배우는 것이 이 과의 목적이기 때문이다. 단지 지금 생각하는 하나님은 어떤 분이신가를 자연스럽게 나누어 보도록 하자.

탐구하기

1. 하나님의 속성 – 위대하신 하나님

하나님은 인간과는 전혀 다릅니다. 제한된 인간의 관점에서는 하나님을 이해할 수도 없고 감히 상상하기도 어렵습니다. 인간은 무한하신 하나님을 바라보면서 자신의 유한함을 깨닫게 되고 동시에 그 분의 위대하심을 체험하게 됩니다.

주어진 성경말씀을 함께 읽고 하나님은 어떤 분이신지 (   )안에 적어봅시다.

① 하나님은 (영원하신 분) 이십니다.

• 하나님은 높으시니 우리가 그를 알 수 없고 그의 햇수를 헤아릴 수 없느니라 (욥 36:26)
• 주께는 하루가 천 년 같고 천 년이 하루 같다는 이 한 가지를 잊지 말라 (벧후 3:8)

위 성경말씀은 하나님의 영원성(하나님과 시간의 관계)을 알려주고 있다. 우리가 하나님의 나이를 묻는다면 그것은 난센스다. 실제로 하나님은 시간에 제한을 받지 않으신다. 그래서 인간의 시간이 하나님께는 적용이 되지 않는다. 하나님은 어제도 계셨고 오늘도 계시며 앞으로도 영원히 계신다. 성경은 하나님을 "처음이요 마지막"이라고 표현하거나 아니면 "알파와 오메가"로 표현한다(계 22:13). 하나님은 시간을 초월하여 항상 존재하며, 하나님은 영원하시다. 영원하신 하나님은 죽지 않을 뿐만 아니라 죽음 자체를 초월하신다. 그러기에 하나님은 시간에 제한되어 죽을 수밖에 없는 우리에게 영원한 생명을 주실 수 있다.

② 하나님은 (어디에나 계신 분) 입니다.

• 내가 앞으로 가도 그가 아니 계시고 뒤로 가도 보이지 아니하며 그가 왼쪽에서 일하시나 내가 만날 수 없고 그가 오른쪽으로 돌이키시나 뵈올 수 없구나 (욥 23:8-9)
• 내가 주의 영을 떠나 어디로 가며 주의 앞에서 어디로 피하리이까 내가 하늘에 올라갈지라도 거기 계시며 스올에 내 자리를 펼지라도 거기 계시니이다 내가 새벽 날개를 치며 바다 끝에 가서 거주할지라도 거기서도 주의 손이 나를 인도하시며 주의 오른손이 나를 붙드시리이다 (시 139:7-10)

위 성경말씀은 하나님의 편재성(하나님과 공간의 관계)을 알려주고 있다. 살아가기 위해서는 어떤 장소가 필요하다. 인간은 동시에 이곳저곳에 존재할 수 없다. 즉 인간은 공간에 제한되는 유한한 존재이다. 하지만 하나님은 어디에나 계신다. 하나님은 공간이 있기 전에 이미 계셨기 때문에 어떤 특정한 장소에 국한될 수 없다. 하나님이 저 우주 어딘가에 있을 것이라고 상상할 수도 있지만 그것은 착각이다. 왜냐하면 무한하신 하나님은 공간을 초월하시기 때문이다. 또한 하나님은 천지에 충만하시기 때문에 우리가 하나님을 피할 장소는 전혀 없다(시 139:7-10). 우리는 어디서나 하나님을 만날 수 있다. 우리가 어디를 가든지 하나님은 우리와 동행하고 우리를 도우신다(수 1:9).

③ 하나님은 (모든 것을 아시는 분) 이십니다.

- 우리 주는 위대하시며 능력이 많으시며 그의 지혜가 무궁하시도다 (시 147:5)
- 참새 두 마리가 한 앗사리온에 팔리지 않느냐 그러나 너희 아버지께서 허락하지 아니하시면 그 하나도 땅에 떨어지지 아니하리라 너희에게는 머리털까지 다 세신 바 되었나니 (마 10:29-30)

위 성경말씀은 하나님의 전지성(하나님과 지식의 관계)을 알려주고 있다. 하나님의 지혜와 지식은 측량할 수 없다(시 147:5). 또한 하나님을 아는 것이 바로 지식의 근본이다. 참새 한 마리라도 하나님의 뜻이 아니면 땅에 떨어질 수 없다(마 10:29). 심지어 하나님은 우리의 머리털까지 다 세신다(마 10:30). 우리 모두는 하나님 앞에서 감출 것이 없는 벌거벗은 자와 같다(히 4:13). 하나님은 전지하시기 때문에 매순간마다 우리에게 무엇이 가장 좋은 것인지와 우리가 어떠한 선택을 해야 하는지를 알고 계신다. 그러나 하나님이 모든 것을 알고 계시기 때문에 우리가 따로 기도할 필요가 없는 것이 아니다. 오히려 모든 것을 아시는 하나님이시기에 우리는 하나님께 기도하며 기도를 통해서 전지하신 하나님께 물어보아야 한다.

④ 하나님은 (전능하신 분) 이십니다.

- 태초에 하나님이 천지를 창조하시니라 (창 1:1)
- 아브람이 구십구 세 때에 여호와께서 아브람에게 나타나서 그에게 이르시되 나는 전능한 하나님이라 너는 내 앞에서 행하여 완전하라 (창 17:1)

위 성경말씀은 하나님의 전능성(하나님과 능력)을 알려주고 있다. 하나님은 스스로를 "나는 전능한 하나님이라" (창 17:1)고 말씀하셨다. 하나님의 능력은 우주 만물과 대자연을 다스리고 인류의 역사를 주관하는 모습을 통해서 분명하게 드러난다. 하지만 하나님의 모든 능력 중에서 가장 중요한 것은 사람의 인격을 변화시키는 능력이다. 쓸모없는 인간을 변화시켜 하나님께 영광을 돌리는 귀한 사람으로 변화시키는 하나님의 역사는 신비롭다(행 9:1-25). 그러나 이러한 하나님의 놀라운 능력에도 분명한 조건이 있다. 하나님께서는 자신의 무한한 능력을 오직 자신의 뜻을 이루기 위해서 사용하신다. 만약 하나님께서 우리가 개별적으로 원하는 것들을 무조건 다 들어주시기 위해 능력을 행하셨다면 우주의 정교한 질서와 지구의 완벽한 생태환경은 벌써 무너졌을 것이다. 결국 우리는 하나님의 뜻이나 방향에 맞게 구할 때 그 분의 능력과 기적을 맛볼 수 있다(빌립보서 4:13).

2. 하나님의 성품

주어진 성경말씀을 함께 읽고 하나님의 성품은 어떠신지 (   ) 안에 적어봅시다.

① 하나님은 (사랑) 이십니다.

- 하나님이 세상을 이처럼 사랑하사 독생자를 주셨으니 이는 그를 믿는 자마다 멸망하지 않고 영생을 얻게 하려 하심이라 (요 3:16)
- 사랑하는 자들아 우리가 서로 사랑하자 사랑은 하나님께 속한 것이니 사랑하는 자마다 하나님으로부터 나서 하나님을 알고 사랑하지 아니하는 자는 하나님을 알지 못하나니 이는 하나님은 사랑이심이라 하나님의 사랑이 우리에게 이렇게 나타난 바 되었으니 하나님이 자기의 독생자를 세상에 보내심은 그로 말미암아 우리를 살리려 하심이라 사랑은 여기 있으니 우리가 하나님을 사랑한 것이 아니요 하나님이 우리를 사랑하사 우리 죄를 속하기 위하여 화목제물로 그 아들을 보내셨음이라 (요일 4:7-10)

하나님은 사랑이시다. 하나님은 그의 피조물과 직접적이고 긴밀한 관계를 맺고 계신다. 하나님이 세상을 창조하시고 우리와 관계를 맺으신 것은 하나님의 자발적인 선택이다. 그것은 필요에 의해서가 아니라 하나님의 아가페적인 사랑으로 말미암은 것이다. 하나님은 인간과 관계 맺기를 원하시는 인격체다. 그래서 아담에게도 먼저 다가가서 말씀하셨다. 또한 하나님은 자신의 명령을 거역하고 불순종한 인간들을 구원하기 위해 자신의 아들을 이 세상에 보낸 사랑의 하나님이다(요 3:16). 하나님은 우리의 죄를 사하기 위하여 자신의 아들을 내어주실 만큼 사랑이 충만하며, 그 사랑은 측량할 수 없다.

② 하나님은 (공의로우) 십니다.

- 인자를 천대까지 베풀며 악과 과실과 죄를 용서하리라 그러나 벌을 면제하지는 아니하고 아버지의 악행을 자손 삼사 대까지 보응하리라 (출 34:7)
- 공의로 세계를 심판하심이여 정직으로 만민에게 판결을 내리시리로다 (시 9:8)

하나님은 공의로우시다. 하나님은 '거룩하신 분'이시다(레 19:2). 거룩하신 하나님은 사람과의 관계를 통해 '의로우신 하나님'으로 드러난다. 특별히 하나님의 의로우심은 하나님의 율법과 관계가 있다. 하나님은 자신이 세운 율법을 존중하고, 그 율법에 따라 행하신다. 그러므로 하나님이 세운 율법에 따라 행하는 것을 의라고 말한다. 그렇다면 '하나님의 공의'는 무엇인가? 하나님의 공의는 하나님께서 그 분의 나라를 다스릴 때 자신이 세운 율법에 따라 통치하고 심판하시는 '공적인 의'를 말한다. 그러므로 거룩하고 공의로우신 하나님은 율법을 어기고 불순종한 인간을 심판하고 처벌하신다(출 34:7).

어떤 사람들은 공의와 사랑은 서로 대립되는 개념이 아니냐고 묻습니다. 어떻게 하나님의 사랑과 하나님의 공의가 조화를 이룰 수 있을까요?

(하나님의 공의는 그 분의 사랑을 근거로 한 공의이며, 사랑이란 공의를 전제로 한 사랑이다.)

하나님은 이 세상과 인간을 사랑하신다. 하지만 하나님은 자신에게 불순종한 인간을 심판할 수밖에 없다. 바로 하나님의 공의는 죄에 대한 형벌을 요구하지만 하나님의 사랑은 하나님과 인간의 관계 회복을 원한다. 그러므로 예수 그리스도께서 우리의 죄를 위해서 희생 제물로 드려졌다는 것은 하나님의 공의와 사랑의 속성이 동시에 만족되는 사건인 것이다. 예수 그리스도 안에서 하나님의 사랑과 공의의 속성이 서로 조화를 이룬 것이다.

삶 바꾸기 / 나를 설계하신 하나님

다음 글을 읽고 주어진 질문에 답해 봅시다.

어떤 사람이 자동차를 운전하고 가다가 자동차가 고장이 났습니다. 길가에 차를 세워놓고 어쩔 줄을 모르고 있었는데 우연히 그 길을 지나가던 어느 노신사가 차를 멈추었습니다.
노신사는 그 사람에게 물었습니다. "무슨 문제가 있습니까?"
"차가 멈추었는데 도무지 뭐가 문제인지 모르겠어요." 고장 난 차 주인이 대답했습니다.
"제가 좀 차를 봐도 되겠습니까?"
이 사람은 그 노신사가 썩 미덥지도 못했고 성가시기도 했지만 차를 보도록 허락했습니다. 노신사는 고장 난 차의 엔진을 유심히 살펴보았습니다. 그리고는 익숙한 손놀림으로 몇 개의 부품을 만졌습니다. 그러자 신기하게도 차의 시동이 걸렸습니다.
차 주인은 하도 신기해서 노신사에게 물었습니다.
"어르신, 어떻게 이렇게 간단하게 이 차를 고칠 수가 있지요?"
그 노신사가 대답했습니다. "바로 제가 이 차를 설계한 포드입니다."

고장 나서 움직일 수 없는 자동차라도 자동차를 설계한 사람은 무엇이 어떻게 문제가 있는지 쉽게 알 수가 있습니다. 그리고 부품들을 적절히 배치하고 조절하여 그 문제를 해결할 수 있습니다. 마찬가지로 우리를 창조하신 하나님은 우리를 가장 잘 아십니다. 그렇기 때문에 우리의 삶을 지켜주시고 올바르게 인도하시기에 가장 적합한 분입니다.

이 이야기는 우리에게 하나님과 관련하여 어떤 깨달음을 주는지 이야기를 나누어 봅시다.

(자동차의 설계자가 자동차에 대하여 가장 잘 알고 있듯이 우리를 설계하고 지으신 하나님은 우리를 너무나 잘 알고 계신다.)

하나님은 나보다도 나를 더 잘 아신다. 더 나아가 하나님은 우리의 모든 문제를 해결해 주실 능력을 갖고 계신다. 그러므로 우리는 우리의 모든 것을 알고 계시며 우리를 온전히 치유하실 완전한 능력을 갖고 계신 하나님께 우리의 삶을 맡겨야 한다.

문답하기

지금까지 다룬 내용들을 기억하면서 다음의 질문들에 답해 봅시다.

1. 하나님은 어떤 분이십니까? (창 1:1, 요 3:16)

(세상을 창조하신 분, 나를 사랑하시는 분)

성경은 "하나님은 영이시니 예배하는 자가 영과 진리로 예배할지니라."(요 4:24) 라고 말한다. 하나님을 영으로 해석할 때에야 비로소 무한하신 하나님의 모든 비밀을 풀 수 있다. 하나님은 천지를 창조하신 무한한 능력을 가지셨다. 그리고 그런 하나님께서 피조물이며 죄인인 나를 사랑하신다.

2. 하나님의 위대하신 속성들은 어떤 것이 있습니까?

(영원성, 편재성, 전능성, 전지성 등)

위대하신 하나님은 영원성, 편재성, 전능성, 전지성과 같은 속성을 가지신다. 시간에 제한되는 유한한 인간과는 달리 하나님은 영원하시고, 공간에 제한되는 유한한 인간과는 달리 하나님은 무소부재하시며 편재하신 분이시다. 또한 지식에 제한되는 무지한 인간과는 달리 하나님은 모든 것을 아시고, 능력에 제한되는 무능한 인간과는 달리 하나님은 전능하시다.

3. 하나님의 선하신 성품들에 대해서 이야기해 봅시다.

(하나님은 공의로우시며 사랑이시다.)

　　하나님은 당신의 피조물과의 관계를 소중하게 여기시는 분이시다. 하나님이 세상을 창조하시고 우리와 관계를 맺으신 것은 하나님의 자발적인 선택이다. 그것은 필요에 의해서가 아니라 하나님의 아가페적인 사랑으로 말미암은 것이다.
　　하나님의 공의는 자신이 세운 율법에 따라 통치하고 심판하시는 '공적인 의'를 말한다. 거룩하시고 공의로우신 하나님은 율법을 어기고 불순종한 인간을 심판하여 처벌하신다(출 34:7).
　　하나님은 자신의 명령을 거역하고 불순종한 인간들을 구원하시기 위해 자신의 아들을 이 세상에 보내신 사랑의 하나님이시다(요 3:16). 하나님은 죄인을 용서하기 위해 자신의 아들을 내어주실 만큼 우리를 사랑하신다. 그러므로 하나님은 의로우신 동시에 사랑이시다.

4. 당신은 하나님이 사랑이시며 동시에 공의롭다는 것을 믿고 있습니까?

(각자의 대답을 들어본다.)

　　무한하시고 위대하신 하나님이 우리 인간을 환대하시는 것은 매우 중요한 의미를 갖는다. 위대한 무한능력자의 무한한 사랑은 우리를 감격하게 만든다. 이러한 하나님의 사랑과 공의를 믿는 사람에게는 참다운 위안과 힘이 주어진다.

묵상과 기도

아래에 주어진 성경말씀을 읽고 묵상해 봅시다. 묵상을 바탕으로 함께 기도하는 시간을 갖도록 합시다.

> 너의 행사를 여호와께 맡기라 그리하면 네가 경영하는 것이 이루어지리라 (잠 16:3)

무한하시고 영원불변하신 하나님!
우리는 하나님의 전지전능하심을 믿습니다.
나의 모든 행사를 주관하여 주옵소서.
우리는 당신이 사랑의 하나님이심을 믿습니다.
나의 모든 죄와 허물을 용서하여 주옵소서.
거룩하신 예수님의 이름으로 기도합니다. 아멘

MEMO

구원의 주 예수 (마태복음 1장 18-23절)

새길 말씀 · 하나님이 세상을 이처럼 사랑하사 독생자를 주셨으니 이는 그를 믿는 자마다 멸망하지 않고 영생을 얻게 하려 하심이라 (요 3:16)

1. 예수님의 인격적 특성을 말할 수 있다.
2. 예수님께서 하신 일의 의미를 설명할 수 있다.
3. 예수님께서 나의 구주되심을 믿고 살아간다.

이룰 목표

말씀 이해

예수 그리스도는 신성(神性)과 인성(人性)을 동시에 지니셨다. 그리스도께서는 이 땅에 인간의 모습으로 오시고, 십자가상에서 인간의 모습으로 죽으신 것은 인간들의 죄를 대속하셔야 했기 때문이다. 즉, 그리스도께서 신으로 오셨다면 인간들의 죄는 그대로 있을 수밖에 없지만, 철저히 인간의 모습으로 오시고, 죽으심으로 우리를 죄에서 구원하실 수 있었던 것이다. 그리고 부활하여 우리에게 참된 소망과 생명을 주시는 구세주 그리스도임을 나타내셨다.

성경은 그리스도의 신적 사역에 대해 증거하고 있다. 예수님은 사람들의 죄를 용서하시고 우리를 죄에서 자유케 하신다(막 2:5-10; 히 1:36; 요 8:36). 또한 예수님은 부활하셨고 죽은 자들을 살려(요 5:25, 28-29) 마지막 날, 세상을 심판하실 것이다(요 5:22, 마 25:31, 딤후 4:1).

성경에는 인간으로 오신 그리스도에 대해 증거 하는 부분도 있다. 예수님은 마귀에게 시험을 받으러 광야로 가셨다(마 4:1). 또한 예수님은 하나님께 간절히 기도하셨다(마 14:23, 눅 22:44). 히브리서 5장 7절에는 "그는 육체에 계실 때에 자기를 죽음에서 능히 구원하실 이에게 심한 통곡과 눈물로 간구와 소원을 올렸고 그의 경건하심으로 말미암아 들으심을 얻었느니라."라고 기록되어 있다. 예수님은 돌아가실 때 심한 갈증을 겪으셨으며, 이는 인류 구원을 위한 지극한 갈증을 보여준다('목마르다' 요 19:28). 이렇듯 성경은 예수 그리스도의 신성과 인성 모두를 언급하고 있다.

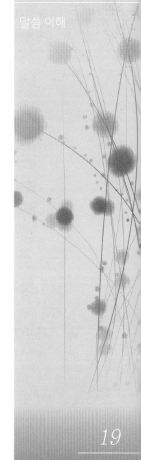

인류 구원에 대한 예수님의 갈증은 죽음에 이르도록 고통스럽고, 이 구속을 위해 온 몸과 온 마음을 바치신 예수님의 구원 활동은 십자가에서 절정으로 치닫는다. 예수님은 목마른 자들은 자신에게 나아와 생수를 마시라고 하시며 우리에게 구원의 갈증을 풀어 주셨다(요 7:37-38).

▦ 마음 나누기 / 내 생각에 예수님은...

교회를 다니기 전에 예수님에 대해서 어떻게 생각하셨나요? 지금은 예수님에 대해서 어떻게 생각하고 있나요?

(각자의 생각을 이야기해 본다.)

항상 인도자가 예상하는 정답을 기대할 필요는 없다. 믿기 전이나, 아직 교리나 성경에 대한 깊이 있는 지식을 갖고 있기 전일 수 있는 지금의 생각을 들어보도록 한다. 예를 들면, 믿지 않는 사람들은 예수님을 세계 4대 성인 중에 한 분, 훌륭한 인격자, 유명한 종교 지도자 등으로 생각하기도 한다. 신앙생활을 시작한지 얼마 되지 않은 사람들은 우리들의 구세주, 구원자, 하나님의 아들이라고 대답할 수 있을 것이다. 더러는 확신이 없는 경우도 있을 것이다.

▦ 탐구하기 / 예수님의 신성과 인성

나사렛 예수!
예수님은 2000년 전 이스라엘의 한 평범한 목수의 가정에서 태어난 인간입니다. 그러나 동시에 예수님은 우리를 너무나 사랑하여 죄에서 구원하러 직접 이 땅에 오신 하나님이십니다. 참 하나님이요, 참 인간이신 예수님! 성경의 말씀을 통해 예수님을 만나봅시다.

1. 예수님의 신성

1. 요한복음은 예수님을 누구라고 알려주고 있나요? 각각의 성경 말씀을 통해 확인해 봅시다.

> ① 말씀이 육신이 되어 우리 가운데 거하시매 우리가 그의 영광을 보니 아버지의 독생자의 영광이요 은혜와 진리가 충만하더라 (요 1:14)
> ② 하나님이 세상을 이처럼 사랑하사 독생자를 주셨으니 이는 그를 믿는 자마다 멸망하지 않고 영생을 얻게 하려 하심이라 (요 3:16)
> ③ 아버지여, 아버지께서 내 안에, 내가 아버지 안에 있는 것 같이 그들도 다 하나가 되어 우리 안에 있게 하사 세상으로 아버지께서 나를 보내신 것을 믿게 하옵소서 (요 17:21)

① 요 1:14 – 아버지의 독생자
② 요 3:16 – 독생자
③ 요 17:21 – 하나님은 아버지, 예수님은 아들

　이 세상 사람들 중 그 누구도 하나님을 본 사람은 없다. 하나님을 알 수 있는 유일한 길은 이 땅에 찾아오신 하나님이신 예수 그리스도를 통해서이다. 또한 우리는 예수 그리스도를 통해 이스라엘 역사 가운데 자신을 나타내신 하나님의 모습을 보다 더 정확하고 분명하게 볼 수 있다. 자신의 삶, 가르침, 죽음과 부활을 통해서 예수님은 우리에게 하나님의 본성을 보여주셨다. 예수님은 우리와 함께 계신 하나님이다.

2. 고린도전서 15장 12-19절은 예수님의 신성(신적인 모습)을 무엇으로 증명하고 있습니까?

• 그리스도께서 죽은 자 가운데서 다시 살아나셨다 전파되었거늘 너희 중에서 어떤 사람들은 어찌하여 죽은 자 가운데서 부활이 없다 하느냐 만일 죽은 자의 부활이 없으면 그리스도도 다시 살아나지 못하셨으리라 그리스도께서 만일 다시 살아나지 못하셨으면 우리가 전파하는 것도 헛것이요 또 너희 믿음도 헛것이며 또 우리가 하나님의 거짓 증인으로 발견되리니 우리가 하나님이 그리스도를 다시 살리셨다고 증언하였음이라 만일 죽은 자가 다시 살아나는 일이 없으면 하나님이 그리스도를 다시 살리지 아니하셨으리라 만일 죽은 자가 다시 살아나는 일이 없으면 그리스도도 다시 살아나신 일이 없었을 터이요 그리스도께서 다시 살아나신 일이 없으면 너희의 믿음도 헛되고 너희가 여전히 죄 가운데 있을 것이요 또한 그리스도 안에서 잠자는 자도 망하였으리니 만일 그리스도 안에서 우리가 바라는 것이 다만 이 세상의 삶뿐이면 모든 사람 가운데 우리가 더욱 불쌍한 자이리라 (고전 15:12-19)

(예수 그리스도의 부활)

예수님이 정말 하나님이라는 사실은 그의 부활을 통해서 증명될 수 있다. 바울은 예수님의 부활이야 말로 예수님의 신성, 곧 예수님은 하나님이심을 말해주는 것이라고 이야기하고 있고, 이 예수님의 부활은 우리들의 신앙의 근거가 된다.

함께 읽어 봅시다.

성서는 예수님의 부활을 역사적 사실로 증언하고 있습니다. 그 근거는 다음과 같습니다.
① 예수님 자신이 스스로를 하나님의 아들이며, 부활이고 생명이라고 주장했습니다(요 11:25).
② 예수님의 빈 무덤이 예수님의 부활을 증거합니다. 빈 무덤과 예수님의 부활을 부정하려는 잘못된 주장들이 있습니다.
  ㄱ) 어떤 이는 마리아와 다른 여(女)제자들이 도성의 지리에 밝지 않아 다른 무덤을 찾아갔다고 합니다. 그러나 여자들의 말을 듣고 뒤늦게 무덤을 찾은 다른 제자들 역시 무덤을 잘못 찾았다고 볼 수는 없습니다.
  ㄴ) 어떤 이는 예수님의 제자들이 그의 시신을 훔쳐갔다고 합니다. 그러나 자신들에게도 닥칠지 모르는 죽음이 두려워 예수님을 떠나고 부인했던 제자들이 예수의 시신을 훔쳐갔다는 것은 논리적으

로 납득하기 어려운 추측입니다.

ㄷ) 어떤 이는 유대교 종교지도자들 예수님의 시신을 가져갔다고 주장하기도 합니다. 이것 역시 신빙성이 없습니다. 왜냐하면 그들이 진실로 예수님의 시신을 가져갔다면 예수의 부활에 대한 소문이 온 예루살렘에 펴졌을 때, 그것이 거짓임을 증명하기 위해 예수의 시신을 당장 내어 놓았을 것이기 때문입니다. 하지만 그들은 그렇게 하지 못했습니다.

ㄹ) 어떤 이는 예수님이 실제로 죽은 것이 아니라 단지 십자가 위에서 기운이 쇠하여 졸도했다고 주장합니다. 그러나 예수께서 오랜 시간 동안 고난을 당하시고 옆구리에 창까지 찔린 이후에 살아남을 수 있을 가능성은 거의 없습니다.

③ 부활하신 예수님은 여러 제자들 앞에 몸소 나타나셨습니다. 부활 후 제자들을 만나신 예수님에 대해서 부정하려는 주장들도 있습니다.

ㄱ) 어떤 이는 이것을 제자들이 꾸며낸 거짓 증언이라고 주장합니다. 그러나 한 두 사람이 아닌 수많은 제자들—열 두 제자, 오백여 형제— 의 생생한 증언은 제자들이 예수의 부활을 꾸며냈다는 주장이 거짓임을 말해줍니다(고전 15:3-8).

ㄴ) 어떤 이는 제자들이 예수님을 너무나 사모한 나머지 환상이나 환각 중에 예수님을 보았다고 주장합니다. 하지만 환각이란 간절한 소망 가운데 생기는 것이지 실망과 실의에 빠져서 전혀 만날 기대조차 하지 않는 사람에게 나타날 수는 없는 것입니다.

예수님의 부활사건이 비록 2000년 전의 일이지만 이 시간은 예수님의 부활사건을 신화적으로 몰아버리기에는 너무나 현대적인 사건입니다. 지금부터 2000년 전은 로마가 세계를 지배하던 시기이고, 소크라테스, 플라톤, 아리스토텔레스와 같은 그리스의 유명한 철학자들이 사라진지 이미 300년도 지난 시기였습니다. 나라마다 역사학자들과 철학자들이 눈을 부릅뜨고 있던 시기에 일어났던 예수의 부활사건은 주몽신화나 단군신화와 같은 신화와는 너무나 거리가 먼 분명한 사건인 것입니다. 그렇다면 가능성은 둘 중의 하나일 것입니다. 사기냐 아니면 진실이냐? 만약 예수님의 부활사건이 사기극이었다면 예수님 당시로 멈췄어야 하는데 2000년이 지난 지금까지도 전 세계적으로 부활하신 예수님을 만나는 체험이 이루어지고 있다는 것은 이 사건이 진실임을 알려 줄 뿐입니다.

2. 예수님의 인성

다음 성경구절은 예수님의 인성(인간적인 모습)을 어떻게 표현하고 있습니까? 성경을 찾아 빈칸을 채워 봅시다.

① 그 후에 예수께서 모든 일이 이미 이루어진 줄 아시고 성경을 응하게 하려 하사 이르시되 내가 목마르다 하시니 거기 신 포도주가 가득히 담긴 그릇이 있는지라 사람들이 신 포도주를 적신 해면을 우슬초에 매어 예수의 입에 대니 예수께서 신 포도주를 받으신 후에 이르시되 다 이루었다 하시고 머리를 숙이니 영혼이 떠나가시니라 (요 19:28-30)

② 행선할 때에 예수께서 잠이 드셨더니 마침 광풍이 호수로 내리치매 배에 물이 가득하게 되어 위태한지라 (눅 8:23-24)

③ 육지에 올라보니 숯불이 있는데 그 위에 생선이 놓였고 떡도 있더라 예수께서 이르시되 지금 잡은 생선을 좀 가져오라 하시니 시몬 베드로가 올라가서 그물을 육지에 끌어 올리니 가득히 찬 큰 물고기가 백쉰세 마리라 이같이 많으나 그물이 찢어지지 아니하였더라 예수께서 이르시되 와서 조반을 먹으라 하시니 제자들이 주님이신 줄 아는 고로 당신이 누구냐 감히 묻는 자가 없더라 예수께서 가셔서 떡을 가져다가 그들에게 주시고 생선도 그와 같이 하시니라 이것은 예수께서 죽은 자 가운데서 살아나신 후에 세 번째로 제자들에게 나타나신 것이라 (요 21:9-13)

④ 예수께서 이르시되 여우도 굴이 있고 공중의 새도 집이 있으되 인자는 머리 둘 곳이 없도다 하시고 (눅 9:58)

⑤ 예수께서 눈물을 흘리시더라 (요 11:35)

① 요 19:28-30 – 갈증을 느끼시는 예수님

② 눅 8:23-24 – 주무시는 예수님

③ 요 21:9-13 – (음식을 드시는 예수님)

④ 눅 9:58 – 외로우신 예수님

⑤ 요 11:35 – (눈물을 흘리시는(감정이 있으신) 예수님)

　어떤 사람들(가현설을 주장하는 이단자들)은 예수님을 거의 유령에 가까운 모습으로 이해하고 있었다. 나사렛 예수의 육체는 실제로 인간이었지만 그의 영은 하나님의 영이었다는 주장이다. 그러한 예수님은 진정한 인간이라 할 수 없다.

　예수님이 만약 인간이 아니라면, 그가 우리를 위하여 십자가의 모진 고통을 견디셨다는 말씀 중 '모진 고통' 이라는 표현은 거짓말에 불과할 것이다. 인간의 고통을 모르는 신의 십자가 고행은 이미 고행이 아니다.

성경은 예수님의 인간적인 모습을 여러 차례 기록하고 있다. "예수는 지혜와 키가 자라가며 하나님과 사람에게 더 사랑스러워 가시더라."(눅 2:52). 그리고 예수님 역시 시간과 공간의 제한 속에서 살았다. 예수님에게도 하루는 24시간이었고, 일주일은 7일이었다. 육체적 필요도 느끼셨다. 사마리아 우물가에 계셨던 예수님은 지치고 목이 말랐다(요 4:6-9). 예수님은 죽음의 위기 앞에서 그의 제자들이 그와 함께 기도해주기를 기대하셨다(마 26:36-38). 예수님은 영적인 필요도 느끼셨다. 그래서 틈만 나면 쉬지 않고 하나님께 기도했다(눅 22:39). 예수님도 보통의 인간들처럼 시련과 유혹에 직면하기도 했다. 세례를 받은 직후 마귀의 시험에 직면하셨다(마 4:1-11). 또한 십자가를 지기 전 겟세마네 동산에서 십자가의 고난을 피하고 싶은 충동도 느끼셨다(마 26:36-39). 예수님의 신성과 함께 인성은 우리의 죄를 위한 희생 제물이 되기 위해서 필수불가결한 것이다. 성경은 이렇게 기록한다. "우리에게 있는 대제사장은 우리의 연약함을 동정하지 못하실 이가 아니요 모든 일에 우리와 똑같이 시험을 받으신 이로되 죄는 없으시니라."(히 4:15).

3. 예수님의 사역 (예수님께서 오신 목적)

① 아래의 성경말씀을 읽고서 예수님께서 이 땅에서 오신 목적에 대하여 말해 봅시다.

- 하나님이 세상을 이처럼 사랑하사 독생자를 주셨으니 이는 그를 믿는 자마다 멸망하지 않고 영생을 얻게 하려 하심이라 (요 3:16)
- 하나님의 사랑이 우리에게 이렇게 나타난 바 되었으니 하나님이 자기의 독생자를 세상에 보내심은 그로 말미암아 우리를 살리려 하심이라 사랑은 여기 있으니 우리가 하나님을 사랑한 것이 아니요 하나님이 우리를 사랑하사 우리 죄를 속하기 위하여 화목 제물로 그 아들을 보내셨음이라 (요일 4:9-10)

(예수님은 우리로 하여금 영생을 얻게 하려고 이 땅에 오신 것이다.)

영생은 하나님을 아는 것이다. 그리고 영생은 우리의 영혼이 살아 영원한 생명을 얻는 것이다. 그러므로 영생은 영원하신 하나님과 하나가 되는 것이다. 예수님은 죄인 된 우리들을 자신의 피로 거룩하신 하나님과 화해시키려고 이 땅에 오셨다. 우리가 그리스도의 피로 하나님과 화해하게 될 때 우리의 영혼은 생명을 얻게 되는 것이다. 그것이 바로 영생이다.

② 아래의 성경말씀을 통해서 나타나는 예수님의 사역에 대해서 말해봅시다.

- 그는 우리 죄를 위한 화목 제물이니 우리만 위할 뿐 아니요 온 세상의 죄를 위하심이라 (요일 2:2)
- 그는 우리의 화평이신지라 둘로 하나를 만드사 원수 된 것 곧 중간에 막힌 담을 자기 육체로 허시고 (엡 2:14)

(예수님은 하나님과 사람 사이의 화해를 위한 화목제물로 오셨다. 화평을 위하여 죄를 용서하시고 막힌 담을 허무셨으며 십자가에서 피를 흘리셨다.)

예수님은 하나님이 보내신 '화해의 도구'였다. 화해는 '다툼을 그치고 푸는 것', 즉 원수 사이를 친구 사이로 만드는 것이다. 우리는 예수님을 통해 하나님과 화해하게 되었다. 인간의 죄 때문에 분리되었던 하나님과 인간이 둘이 아닌 하나가 된 것이다. 구원을 행하신 분은 하나님 자신이다. 하나님은 타락한 인간을 용서하시려고 아들을 보내셨다. 바로 이러한 점 때문에 기독교에서는 구원을 개개인의 노력에 의해 이루어지는 것이 아닌 하나님이 베푸신 사랑이며 은총이라고 보는 것이다.

하나님은 인간의 죄를 인간에게 돌리지 않으셨다. 하나님은 죄를 알지도 못하는 순결한 양과 같은 예수님으로 하여금 우리를 대신하여 죄를 짊어지게 하셨다. 이것이 바로 우리를 향한 하나님의 사랑이다.

삶 바꾸기 / [구원(九元)이냐 구원(救援)이냐]

아래의 글을 읽고 질문에 답해 봅시다.

한 시골 마을에 전도사님이 교회를 개척했습니다. 그 전도사님은 전도를 하기 위해 마을을 돌아다가 한 할머니를 만났습니다. 전도사님은 할머니에게 이렇게 말했습니다. "할머니! 예수님을 믿으세요. 예수님을 믿으면 구원을 받아요!" 이 말은 들은 할머니는 이렇게 대꾸했습니다. "뭐? 예수를 믿으면 구원(九元)을 준다구? 십 원이 아니고 겨우 구원을 준다고? 예수 안 믿어!"

그 할머니가 결국 구원(九元)을 받았는지 구원(救援)을 받았는지는 모르겠지만 이 에피소드는 우리에게 아직도 많은 사람들이 기독교가 말하는 구원이 무엇인지를 제대로 모르고 있다는 사실을 알려 줍니다. 어쩌면 자칭 기독교인이라고 하는 사람조차도 구원이 무엇인지 제대로 모르는 경우도 있을 것입니다. 종교성으로 인해 그냥 습관적으로 교회에 다니는 사람들이 의외로 많습니다. 흔히 말하는 '선데이 크리스찬(Sunday Christian)입니다. 그 무엇인가는 의지해야 하겠기에 기독교를 선택한 사람들일 뿐입니다.

지금 당신의 모습은 어떻습니까? 당신은 예수를 구세주로 영접하였습니까? 아래의 성경말씀을 기억하며 대답해 봅시다.

- 볼지어다 내가 문 밖에 서서 두드리노니 누구든지 내 음성을 듣고 문을 열면 내가 그에게로 들어가 그와 더불어 먹고 그는 나와 더불어 먹으리라 (계 3:20)
- 영접하는 자 곧 그 이름을 믿는 자들에게는 하나님의 자녀가 되는 권세를 주셨으니 (요 1:12)

(각자의 이야기를 들어본다.)

특별히 이 과정은 세례를 받기 위한 준비의 과정이므로 구원의 문제는 꼼꼼하게 확인할 필요가 있다. 형식적인 '네, 아멘' 이라는 대답보다 세례를 받으려고 준비하는 구도자로서 나는 예수님을 나의 주인, 나의 구세주로 믿고 있는지, 주님에 대해서 더 알고자 하는지에 대한 확인이 필요하다.

우리가 예수님을 믿는 가장 중요한 이유는 구원 때문이다. 예수님은 우리의 죄를 용서하시고 우리를 구원하시기 위해 이 땅에 오신 것이다. 구원을 위해 고난의 십자가에 달리신 것이다. 병을 고치고, 귀신을 내쫓고, 죽은 자를 살리는 기적을 일으키신 근본적인 이유는 당신이 우리를 구원하실 수 있는 구세주임을 알리시기 위한 과정일 수도 있다. 예수님은 말씀하신다. "예수께서 대답하여 이르시되 건강한 자에게는 의사가 쓸 데 없고 병든 자에게라야 쓸 데 있나니 내가 의인을 부르러 온 것이 아니요 죄인을 불러 회개시키러 왔노라."(눅 5:31-32)

▦ 문답하기

지금까지 공부했던 내용들을 되새기면서 다음의 질문들에 답해 봅시다.

1. 예수님은 참 신성을 지니시고, 참 인성을 지니신 하나님의 아들이심을 믿습니까?

(각자의 대답을 들어본다.)

이 세상 사람들 중 그 누구도 하나님을 본 사람은 없다. 하나님을 알 수 있는 유일한 길은 이 땅에 찾아오신 하나님이신 예수 그리스도를 통해서이다. 또한 우리는 예수 그리스도를 통해 이스라엘 역사 가운데 자신을 나타내신 하나님의 모습을 보다 더 정확하고 분명하게 볼 수 있다.

2. 예수님이 이 땅에 오신 목적은 무엇인가요?

(예수는 우리로 하여금 영생을 얻게 하려고 이 땅에 오셨다.)

영생은 하나님을 아는 것으로 영생은 우리의 영혼이 살아 영원한 생명을 얻는 것이다. 그러므로 영생은 영원하신 하나님과 하나가 되는 것이다.

묵상과 기도

아래에 주어진 성경말씀을 읽고 묵상해 봅시다. 묵상을 바탕으로 함께 기도하는 시간을 갖도록 합시다.

> 하나님의 사랑이 우리에게 이렇게 나타난 바 되었으니 하나님이 자기의 독생자를 세상에 보내심은 그로 말미암아 우리를 살리려 하심이라 사랑은 여기 있으니 우리가 하나님을 사랑한 것이 아니요 하나님이 우리를 사랑하사 우리 죄를 속하기 위하여 화목 제물로 그 아들을 보내셨음이라 (요일 4:9-10)

사랑의 하나님!
나를 사랑하사 나의 죄를 용서하시려고 인간이 되신 하나님!
나를 위하여 십자가에서 피를 흘려주신 하나님!
우리는 그 하나님이 바로 예수 그리스도이심을 고백합니다.

지금 이 시간 내 마음에 예수님을 모십니다.
나의 마음속에 들어오셔서 나의 모든 더러운 것을 씻어주옵소서.
이제 하나님의 거룩한 백성으로 그리고 하나님의 자녀로 기쁘고 행복하게 살아가게 하옵소서.

거룩하신 예수님의 이름으로 기도합니다. 아멘

MEMO

보혜사 성령 (사도행전 2장 37-47절)

새길 말씀 · 보혜사 곧 아버지께서 내 이름으로 보내실 성령 그가 너희에게 모든 것을 가르치고 내가 너희에게 말한 모든 것을 생각나게 하리라 (요 14:26)

이룰 목표

1. 성령이 어떤 분이라는 것을 알 수 있다.
2. 성령께서 하시는 일에 대해 말할 수 있다.
3. 성령이 하나님이심을 고백하고 성령에 의지하는 삶을 산다.

말씀 이해

성령은 성부와 성자와 더불어 동일하게 언급되며 어떤 의미에서는 그들과 구별된다. 성령은 만물의 창조와 밀접한 관련을 맺고 있고, 만물을 보존하시며 돌보신다. 또한 성령은 인간의 구속 사역에도 밀접하게 관계되어 있다. 성령은 도덕적 정결함으로 이끄시는 장본인이며 또한 선지자들을 감동시켜 장차 오실 구주에 대해 성경을 통하여 예언하게 하셨다. 성령은 새 이스라엘인 그리스도인들에게 그리스도를 증거 할 수 있는 능력을 주시고 그들을 하나님에게로 인도하신다. 이 모든 일은 개인의 심령을 새롭게 변화시킴으로써 성취되는데 성령께서 친히 그들의 심령 가운데 내주하시고 그들을 성령의 성전으로 삼고 내적으로 정결케 하신다. 또한 세상과 육신과 마귀와의 영적싸움에서 성도의 편이 되어 내적질서의 확신을 통해 하나님께 대한 열망을 더욱 불붙게 하신다. 예수가 부활하신 것처럼, 성령은 크신 능력으로 마지막 날에 성도들을 다시 살리실 것이다(계 14:13).

인간은 누구나 양심을 바탕으로 기본적인 도리라는 것을 알고 있다. 즉 진실한 태도로 살아야 한다든가, 정직하게 살아야 한다든가하는 것들이다. 이러한 자연스러운 자기 인식은 그 나름대로의 의미를 지닌다. 그러나 인간이 도덕적인 범위 내에서 생각하는 악한 것에 일반적인 생각은 결코 성서가 의미하는 죄의 인식과 같다고는 볼 수 없다. 성서의 관점에서 본다면 근원적으로 악한 인간뿐 아니라 선한 사람이라 할지라도 어쩔 수 없는 죄가 있다. 그것은 하나님으로부터의 이탈이요 인간 스스로 존재할 수 있다는 독선이다. 곧 하나님에 대한 불신앙이다. 성령은 하나님께 대해서 범죄 하는 것(시 51:4, 눅 15:17)이 죄임을 가르치신다. 그러므로 죄의 고백은 인간이 할 수 있는 것이 아니고 먼저 용서함을 받지 않으면 안 되는 근본적인 것이다. 즉 하나님의 품을 떠난 것이 죄이기 때문에 그런 죄의 인식은 인간을 다시 찾아오신 하나님 앞에 겸손하게 무릎을 꿇을 때만 가능하다. 성령은 하나님의 말씀 앞에 인간의 교만을 깨뜨리고 그를 내면적으로 겸손하게 하며 참회하게 한다. 성령은 거룩한 영으로서 인간이 거룩하지 못함을 알려 주고 하나님께 대한 불신의 적을 고백하는 데까지 인도하신다.

성령이 하나님의 의를 깨닫게 하시는 것은 행동이 바르다든가 계명을 잘 지킨다든가 하는 윤리적인 의를 넘어서서, 그리스도의 죽음을 통하여 표현되는 하나님의 의를 말한다. 우리 인간이 의롭다 함을 얻는 것은 인간 스스로의 훈련이나 수양으로 되는 것이 아니다. 의가 없는 죄인인 우리가 참된 의를 볼 수 있는 유일한 길은 오직 그리스도의 십자가를 통해서다. 성령은 인간의 눈을 열어 십자가에 나타난 하나님의 의를 보게 하시며 이 의에 비추어 역사를 보며 사물을 판단하도록 가르치신다. 이 때 비로소 인간은 의를 실천하고 불의에 분노할 줄 아는 진정한 정의감과 용기를 갖게 된다. 초대교회는 오순절 성령의 임재를 통해 한 마음과 한 뜻으로 모이기를 힘쓰며 떡을 떼는 성도의 친밀한 교제를 나누는 하나의 영적 공동체가 되었다. 성령은 그리스도의 사랑을 가지고 하나님과 인간, 그리고 인간과 인간 사이에 막힌 장벽을 제거하여 우리를 하나님이 진정 원하는 공동체, 살아 있는 인간이 되게 하신다.

마음나누기 / 거듭남(Born again)

다음 이야기를 읽고 질문에 답해 봅시다.

콜슨은 미국에서 교도소 선교로 유명한 사람입니다. 그는 닉슨 정부 때 닉슨의 보좌관으로 권력의 중심에 있었습니다. 그러다가 워터게이트 사건으로 감옥에 들어갔습니다. 그는 감옥에서 고뇌하던 중에 친구가 넣어준 시어즈 레이스가 쓴 '크리스천이리라'는 책을 읽다가 성령으로 거듭나는 경험을 하게 되었습니다. 그 후에 그는 자신의 특별한 경험을 바탕으로 '거듭남' (Born again)이라는 제목의 책을 썼습니다. 당시 이 책은 기독교 서점 뿐 아니라 일반 서점에서도 베스트셀러가 되었습니다. 그러면서 '거듭남'이라는 말이 미국 사회에 큰 충격을 주기 시작했습니다. 그때부터 '당신은 거듭난 사람입니까?'라는 질문에 대답하는 것이 대선 주자들이 거쳐야 되는 첫 번째 시험이 되었습니다.

* 워터게이트 사건(Watergate scandal)
1970년대 초, 미국의 닉슨 행정부가 베트남전에 대한 반대 의사를 표명했던 민주당을 저지하려는 과정에서 일어난 권력 남용으로 말미암은 정치 스캔들이었다. 이 일을 처리하는 과정에서 닉슨 정부는 도덕성에 큰 상처를 입게 되었고, 닉슨 대통령은 미 하원 사법위원회에서 탄핵안이 가결된 지 4일 뒤인 1974년 8월 9일, 대통령직을 사퇴하였다. 이로써 그는 미 역사상 최초이자 유일한, 임기 중 사퇴한 대통령이 되었다.

예수님을 믿지 않던 사람이나, 기독교(교회)를 비판하던 사람이 어느 날 변하여 예수님을 영접하고 삶이 달라진 경우를 본 적이 있습니까? 나에게는 성령으로 변화된 경험이 있습니까?

(각자의 경험을 이야기해 본다.)

우리 주변에는 술을 마시고 세상을 즐기면서 예수 믿는 사람들을 비웃고 교회를 비판하던 사람들 중에서 어느 날 주님을 영접하고 은혜 가운데 살게 되는 사람들이 있다. 그런 사람들에 대해서 알고 있다면 서로 이야기를 나누도록 하자.

성령은 우리가 예수를 구주로 영접할 수 있도록 마음에 깨달음을 주시는 분이시다. 그러므로 우리가 그리스도인이 되는 첫 출발도 성령의 사역이 아니고서는 이루어질 수 없다. 성령이 없이는 우리가 회개할 수도 없고 예수가 우리의 구세주임을 깨달을 수도 없기 때문이다.

탐구하기 / 성령의 정체성과 사역

기독교는 예수님을 하나님의 아들로 고백하는 종교입니다.
어떻게 기독교인들은 예수라는 사람에게 신성을 부여하고 그를 하나님으로 섬길 수가 있을까요? 단순히 이성적으로는 이해하기 어렵게 느껴지는 종교가 바로 기독교입니다.
어떻게 사람들은 예수님을 하나님의 아들로 고백할 수 있을까요?
어떻게 사람들은 예수님을 위해 기꺼이 목숨을 바치는 것일까요?

바로 그 해답은 성령이십니다.

1. 성령은 어떤 분이실까요?

① 창세기 1장 2절에는 성령을 어떤 분이라고 알려주고 있습니까?

• 땅이 혼돈하고 공허하며 흑암이 깊음 위에 있고 하나님의 영은 수면 위에 운행하시니라
 (창 1:2)

(성령은 세상을 창조하신 창조의 영이시다.)

성령은 영원 전부터 하나님과 함께 계셨으며, 성부 하나님과 함께 하나님의 창조에 참여하셨다. '영'은 히브리어로 루아흐(ruach)다. 이 말은 바람, 숨 또는 호흡이라는 뜻을 가지고 있다. 그러므로 영은 생명을 의미한다. "여호와 하나님이 흙으로 사람을 지으시고 생기를 그 코에 불어 넣으시니 사람이 생령이 된지라"(창 2:7)

33

② 요한복음 14장 16-17절, 16장 7-13절에서는 성령을 어떻게 표현하고 있습니까?

> • 내가 아버지께 구하겠으니 그가 또 다른 보혜사를 너희에게 주사 영원토록 너희와 함께 있게 하리니 그는 진리의 영이라 세상은 능히 그를 받지 못하나니 이는 그를 보지도 못하고 알지도 못함이라 그러나 너희는 그를 아나니 그는 너희와 함께 거하심이요 또 너희 속에 계시겠음이라 (요 14:16-17)
> • 그러나 내가 너희에게 실상을 말하노니 내가 떠나가는 것이 너희에게 유익이라 내가 떠나가지 아니하면 보혜사가 너희에게로 오시지 아니할 것이요 가면 내가 그를 너희에게로 보내리니 그가 와서 죄에 대하여, 의에 대하여, 심판에 대하여 세상을 책망하시리라 죄에 대하여라 함은 그들이 나를 믿지 아니함이요 의에 대하여라 함은 내가 아버지께로 가니 너희가 다시 나를 보지 못함이요 심판에 대하여라 함은 이 세상 임금이 심판을 받았음이라 내가 아직도 너희에게 이를 것이 많으나 지금은 너희가 감당하지 못하리라 그러나 진리의 성령이 오시면 그가 너희를 모든 진리 가운데로 인도하시리니 그가 스스로 말하지 않고 오직 들은 것을 말하며 장래 일을 너희에게 알리시리라 (요 16:7-13)

(보혜사, 진리의 영)

　　성령은 보혜사, 즉 조력자를 의미한다. 성령은 늘 제자들과 함께 하시며, 그들로 하여금 하나님이 맡겨주신 사명을 잘 감당할 수 있도록 도와주셨다. 성령은 예수님이 하나님의 아들임을 증거 하신다. 제자들이 믿음 위에 굳게 서서 예수의 복음을 담대히 증거 하도록 도우신다. 성령은 죄에 대하여 세상을 책망하고, 예수 그리스도를 증거 하며, 죄인을 구원하는 일을 하신다(요 16:7-11).

2. 성령이 하시는 일은 무엇일까요?

① 요한복음 3장 3-8절에 나타난 성령의 사역은 무엇입니까?

- 예수께서 대답하여 이르시되 진실로 진실로 네게 이르노니 사람이 거듭나지 아니하면 하나님의 나라를 볼 수 없느니라 니고데모가 이르되 사람이 늙으면 어떻게 날 수 있사옵나이까 두 번째 모태에 들어갔다가 날 수 있사옵나이까 예수께서 대답하시되 진실로 진실로 네게 이르노니 사람이 물과 성령으로 나지 아니하면 하나님의 나라에 들어갈 수 없느니라 육으로 난 것은 육이요 영으로 난 것은 영이니 내가 네게 거듭나야 하겠다 하는 말을 놀랍게 여기지 말라 바람이 임의로 불매 네가 그 소리는 들어도 어디서 와서 어디로 가는지 알지 못하나니 성령으로 난 사람도 다 그러하니라 (요 3:3-8)

(중생케 하시고 거듭나게 하심)

우리가 믿음으로 예수님을 영접하여 새롭게 태어나는 것을 중생이라고 한다. '중생' 하는 사건은 성령의 역사가 아니고서는 일어날 수 없다. 왜냐하면 성령께서 임하셔야만 우리 자신이 죄인이라는 것을 깨닫고, 예수께서 우리의 죄를 위해서 피를 흘리셨다는 것을 믿을 수 있기 때문이다. 2000년 전 예수님이 흘리신 보혈이 지금 이 시간 우리의 죄를 위해 흘리신 보혈임을 우리로 하여금 믿게 하는 것이 바로 성령의 역사인 것이다.

② 디모데후서 3장 16-17절에 나타난 성령의 사역은 무엇입니까?

- 또 어려서부터 성경을 알았나니 성경은 능히 너로 하여금 그리스도 예수 안에 있는 믿음으로 말미암아 구원에 이르는 지혜가 있게 하느니라 모든 성경은 하나님의 감동으로 된 것으로 교훈과 책망과 바르게 함과 의로 교육하기에 유익하니 이는 하나님의 사람으로 온전하게 하며 모든 선한 일을 행할 능력을 갖추게 하려 함이라 (딤후 3:16-17)

(성경을 기록하심, 성경의 저자)

성경은 하나님의 감동, 곧 성령의 감동으로 만들어졌다. 성경은 구원의 책이다 (딤후 3:15). 우리는 성경을 통해서 예수 그리스도를 만난다. 하지만 성령이 임하지 않으시면 아무리 성경을 읽어도 예수를 하나님으로 인정할 수 없을 뿐만 아니라, 성경에 나타난 모든 초자연적인 사건들을 인정할 수 없게 된다.

③ 사도행전 2장 1-4절, 1장 8절에 나타난 성령의 사역은 무엇입니까?

- 오순절 날이 이미 이르매 그들이 다같이 한 곳에 모였더니 홀연히 하늘로부터 급하고 강한 바람 같은 소리가 있어 그들이 앉은 온 집에 가득하며 마치 불의 혀처럼 갈라지는 것들이 그들에게 보여 각 사람 위에 하나씩 임하여 있더니 그들이 다 성령의 충만함을 받고 성령이 말하게 하심을 따라 다른 언어들로 말하기를 시작하니라 (행 2:1-4)
- 오직 성령이 너희에게 임하시면 너희가 권능을 받고 예루살렘과 온 유대와 사마리아와 땅 끝까지 이르러 내 증인이 되리라 하시니라 (행 1:8)

(성령의 충만한 역사로 방언 등의 은사를 허락하심, 믿는 사람들로 하여금 예수님의 제자가 되게 하심, 곧 신앙공동체를 강한 믿음을 지닌 교회로 세우신다.)

성령은 교회를 세우셨다. 오순절의 성령강림 사건은 새 시대, 즉 교회선교의 시대를 열었다. 예수님은 두려워 떠는 제자들에게도 성령이 충만히 임할 것을 선포하셨다. 그것이 바로 오순절 날에 일어난 사건이다. 이때 일어난 성령의 강림은 객관적이고 역사적인 사건이었다(행 2:1-4). 예수의 제자들은 성령의 권능을 받아 예루살렘에서 시작해 당시 세계의 중심인 로마를 거쳐서 전세계로 예수의 복음을 증거했다(행 1:8). 이들은 진실로 세상이 감당할 수 없는 능력의 사람들이 되었다. 특히 마가의 다락방에서 성령의 능력을 받아 복음을 전했던 11명의 사도들은 모두 순교했다. 이로써 바로 이 땅에 교회가 세워진 것이다.

④ 로마서 8장 16절, 26-27절에 나타난 성령의 사역은 무엇입니까?

- 성령이 친히 우리의 영과 더불어 우리가 하나님의 자녀인 것을 증언하시나니 (롬 8:16)
- 이와 같이 성령도 우리의 연약함을 도우시나니 우리는 마땅히 기도할 바를 알지 못하나 오직 성령이 말할 수 없는 탄식으로 우리를 위하여 친히 간구하시느니라 마음을 살피시는 이가 성령의 생각을 아시나니 이는 성령이 하나님의 뜻대로 성도를 위하여 간구하심이니라 (롬 8:26-27)

(성령은 우리가 하나님의 자녀임을 증거하고, 성도와 하나님이 친밀한 교제를 나누도록 하신다.)

성령은 우리가 하나님의 자녀임을 확신시켜 주신다(롬 8:16, 요 1:12). 그리고 성도가 하나님과의 친밀한 관계를 유지하도록 도우신다. 성령은 우리가 하나님 앞에 나아갈 수 있게 하실 뿐만 아니라 우리가 기도하는 것을 도우신다(롬 8:26). 성령으로 기도할 때 하나님의 음성을 듣게 되며, 성령 안에서 우리가 하나님께 사로잡히게 하신다. 그리고 그 말씀에 순종하여 하나님이 주시는 축복을 누리게 된다.

삶 바꾸기 / 행복한 사나이

아래의 글을 읽고 질문에 답해 봅시다.

1963년 10월 19일, 전방 제3군단에서 현역 육군 중령 이득주씨 일가족 6명이 흉기로 참살된 사건이 있었습니다. 범인 고재봉 (당시 27세, 1109 야전포단 소속 상병)은 1963년 11월 12일 하오 6시쯤 종로5가 버스정류장 앞에서 외사촌동생을 만나다가 이를 수상히 여긴 땅콩행상의 신고로 체포되었습니다. 처음에는 범행사실을 부인하다가 몸수색으로 칼 3자루가 나오자 자백했습니다. 범행 동기는 박모(朴某) 중령 집에서 도둑질을 한 죄로 6개월의 징역을 살고 나온 후에 박 중령에게 복수하려던 것이었습니다. 그런데 이득주 중령을 박 중령으로 잘못 알고 저지른 것이었습니다.

구속 수감된 그에게 어느 전도인 한 사람이 포켓용 신약성경을 전해주었습니다. 독방에 홀로 있던 고재봉은 심심하면 그 성경책을 뒤적거리곤 하였습니다. 그러던 어느 날 요한복음 3장 16절 말씀에 호기심을 가지게 되었고 그로 인해 신약전서를 집중해서 읽기 시작했습니다. 성경의 글씨들이 차츰 살아있는 말씀으로 고재봉에게 전달되기 시작하면서 그는 결국 예수님을 영접했고 사형수로서 모범적인 수감생활을 하게 되었습니다.

어느 날, 한참 동안 눈물로 기도를 하던 중에 그는 성령으로 거듭나는 체험을 하게 됩니다. "어느 순간 갑자기 머리에서부터 발끝까지 온몸이 불덩이처럼 뜨거워지며 마치 고압선에 감전된 것처럼 오장육부가 뒤틀리고 온몸이 마비된 듯 이성을 잃을 뻔 했습니다. 마치 거대한 힘이 내 몸과 정신을 운전하고 있는 것 같았습니다. 내 모든 행동은 물론 내 모든 과거까지도 누군가가 속속들이 들여다보고 있는 것 같은 느낌이 들어 온 몸이 부들부들 떨렸습니다. 그러는 가운데 차츰 어떤 새로운 힘이 내 속에 파고드는 것을 느꼈습니다. 말할 수 없는 새로운 힘이 그의 내부에서 솟아오르기 시작한 것입니다.”

성령으로 거듭난 고재봉은 틈만 나면 성경을 읽고 기도하는 생활을 하였고, 서울 구치소의 전도사가 되었습니다. 그의 눈물의 기도는 확실히 대단한 힘을 가지고 있었습니다. 지금까지 예수가 무엇인지도 모르고 있었던 많은 사람들이 고재봉의 변화된 모습을 보고 차츰 성경에 흥미를 가지기 시작했으며, 기도하는 사람들도 점차 늘어나기 시작했습니다.

고재봉의 성경읽기와 전도의 여파는 철창을 넘어 옆방으로 퍼져나가기 시작했습니다. 그리하여 얼마 후에는 교도소 안이 온통 찬송가 소리로 뒤덮이게 되었습니다. 참으로 엄청난 일이었습니다. 주님의 놀라운 능력이 서울 구치소에 강하게 역사하신 것입니다. 고재봉은 삶이 다하는 마지막 순간까지 한 사람이라도 더 전도해야겠다는 일념으로 바쁜 하루를 보냈습니다.

고재봉은 1964년 3월 10일 사형 되었습니다. 그는 “하늘가는 밝은 길이 내 앞에 있으니...”를 부르며 담대하게 형장으로 나아갔습니다. 흉악한 살인마 고재봉이 그런 변화된 사람이 되리라고는 아무도 상상하지 못했습니다. 성령의 거듭남을 체험한 사건이 그의 인생을 180도로 전환시킨 것입니다.

고재봉씨처럼 성령으로 거듭난 사람의 삶에는 어떠한 변화가 있습니까?

(예수님을 구세주로 고백하게 되고, 주님의 뜻에 따라 새로운 삶을 살게 된다.)

우리가 예수님을 우리의 구세주로 영접할 수 있는 것은 성령의 역사로 말미암은 것이다. 거룩하신 성령이 임하시면 우리의 생각과 마음이 변해서 예수를 하나님의 아들로 고백하게 된다. 또한 예수님을 우리의 죄를 용서해주시는 구세주로 고백하게 된다. 우리가 성령으로 거듭나는 이러한 사건은 우리의 삶에 아주 커다란 변화를 가져다준다. 새 사람으로 새로운 삶을 살게 된다. 남을 미워하던 사람이 용서의 사람이 되고, 남을 원망하고 손가락질 하던 사람이 회개하고 섬기는 사람이 된다. 쾌락을 즐기던 사람이 이제는 주님을 따르는 사람으로 변화된다. 성령은 우리의 삶을 혁명적으로 변화시킨다.

문답하기

지금까지 공부했던 내용들을 기억하면서 다음의 질문들에 답해 봅시다.

1. 당신은 성령을 창조주 하나님으로 인정합니까?

(각자의 대답을 들어본다.)

성령은 창조의 영이시다. 성령은 영원 전부터 하나님과 함께 계셨으며, 성부 하나님과 함께 하나님의 창조에 참여하셨다. 성령으로 말미암아 생명이 창조되고 만물이 유지된다. 성령은 만물 안에, 즉 세계 속에서 활동하는 창조의 영이며, 하나님의 생명의 힘이다.

2. 우리를 중생하게 하시는 성령은 어떤 분이십니까?

(보혜사 곧 조력자이시다.)

예수님이 약속하신 성령은 보혜사, 즉 조력자를 의미한다. 성령은 늘 우리와 함께 하시며, 우리로 하여금 하나님이 맡겨주신 사명을 잘 감당할 수 있도록 도와주신다. 성령은 예수님의 제자들이 믿음 위에 굳게 서서 예수의 복음을 담대히 증거하도록 돕는다.

성령은 죄에 대하여 세상을 책망하고, 예수 그리스도를 증거 하며, 죄인을 구원하신다(요 16:7-11). 보혜사 성령은 예수 그리스도의 구원사역을 완성하시는 분이시다.

우리가 믿음으로 예수를 영접하여 새롭게 태어나는 것을 중생이라고 말한다. 우리가 '중생' 하는 사건은 성령의 역사가 아니고서는 일어날 수 없다. 왜냐하면 성령께서 임하셔야만 우리 자신이 죄인이라는 것을 깨닫고, 예수께서 우리의 죄를 위해서 피를 흘리셨다는 것을 믿을 수 있기 때문이다.

3. 교회를 세우신 분은 누구입니까?

(성령)

성령강림 이후 성령은 예수 그리스도의 복음을 전하기 위해 교회를 세우셨다.

39

⫶ 묵상과 기도

아래에 주어진 성경말씀을 읽고 묵상해 봅시다. 묵상을 바탕으로 함께 기도하는 시간을 갖도록 합시다.

> 그러므로 내가 너희에게 알리노니 하나님의 영으로 말하는 자는 누구든지 예수를 저주할 자라 하지 아니하고 또 성령으로 아니하고는 누구든지 예수를 주시라 할 수 없느니라 (고전 12:3)

사랑의 하나님!
지금도 우리 곁에 성령으로 함께 하심을 믿고 감사를 드립니다.
거룩하신 성령님!
나의 마음속에 들어오셔서 나와 동행하시고 나의 삶을 주관하소서.
날마다 나의 마음이 성전이 되게 하옵소서.
성령께서 나를 하나님의 자녀라고 증거 하심을 감사드리나이다.
오늘도 하나님의 자녀로서 강하고 담대하게 하옵소서.
예수님의 이름으로 기도합니다. 아멘

MEMO

부름 받은 백성 (에베소서 4장 13-16절)

새길 말씀 · 교회는 그의 몸이니 만물 안에서 만물을 충만하게 하시는 이의 충만함이니라 (엡 1:23)
도울 말씀 · 행 6:1-7

1. 교회의 기원(존재근거)에 대해 말할 수 있다.
2. 교회의 본질에 설명할 수 있다.
3. 교회의 구조와 조직 원리를 이해하고 설명할 수 있다.

'교회' 라는 단어는 구약에서는 '부르다' 라는 뜻의 동사에서, 신약에서는 '불러내다' 라는 뜻의 동사에서 찾아볼 수 있다. 초대 교회는 구약시대의 선택된 '하나님의 백성' 과 신약시대의 예수 그리스도의 죽음과 부활을 목격하고 그것을 증거하며 메시아를 대망하는 종말론적 공동체에서 기원한다. 구약에서 '하나님의 백성' 의 자격은 출애굽 구속사건과 시내산 언약으로 얻어진다. 나아가서 그 범위는 이방민족까지 포함하게 되었다(슥2:1). 하나님 백성으로서 필요한 조건은 거룩함의 유지이다.

한편 신약성서에서는 종말의 때에 선택되어 구원받은 하나님 백성의 모습을 그리스도 중심의 '에클레시아' 로 설명하였다. 이제 예수님의 십자가 사건과 부활의 목격, 그리고 메시아를 대망하는 신앙에 기초해서 형성된 교회는 지상명령(그리스도 사역의 대행권)을 이해하게 된다(마 16:18, 18:17).

요한 웨슬리는 교회공동체를 일컬어 '하나의 영에 의해 하나의 몸으로 지음 받은 것으로서, 하나의 희망과 하나의 믿음과 하나의 세례를 갖고 모든 세상을 창조하신 한 분 하나님으로부터 부름을 받은 하나님의 자녀들의 신앙공동체' 로 이해했다.

▪▪▪ 마음나누기 /

아래의 글을 읽고 질문에 답해 봅시다.

> 오래 전, 영국의 젊은 선교사 조지 애틀리라가 중앙아프리카에 복음을 전하
> 고 교회를 세우기 위한 선교사역에 헌신할 때의 일입니다. 선교 여행을 다니
> 면서 애틀리라는 맹수로부터의 공격을 대비해서 연발장총을 들고 숲을 지나
> 가게 되었습니다. 이때 5-6명의 원주민들로부터 예상치 못했던 집단 공격
> 을 받게 되었습니다. 너무나 위급한 상황이었습니다. 애틀리라 선교사는 가
> 지고 있던 총을 쏘아 원주민들의 위협을 물리칠 수도 있었습니다. 하지만 그
> 렇게 하면 선교하려던 그들을 죽일 수도 있다는 생각이 번쩍 들었습니다. 그
> 생각이 들자 그들이 던진 창을 그대로 받을 수밖에 없었습니다. 원주민들이
> 그의 시체와 총을 추장에게 가지고 갔을 때, 추장은 애틀리라의 총에 실탄
> 10발이 장전된 것을 보았습니다. 잠시 머뭇거린 추장은 애틀리라의 뺨에 입
> 을 맞추었습니다. 그 후 그 원주민의 마을은 예수님을 믿는 마을로 변화되었
> 고 애틀리라가 그토록 바라던 교회가 세워졌습니다.

애틀리라는 위기의 순간에 왜 총을 사용하지 않았을까요?

(자신의 목숨을 위해 다른 사람의 목숨을 해치는 것은 하나님의 사랑을 전하고
교회를 세우려는 목적과 어울리지 않는 것이었기에, 자신의 목숨보다 교회를 세
우는 것이 더욱 중요하다고 믿었기에)

애틀리라가 중앙아시아로 온 것은 복음을 전하고 교회를 세우기 위함이었다.
자신의 목숨은 너무도 소중한 것이었지만, 자신의 가지고 있던 하나님의 뜻을 이
루려는 목적은 그 이상으로 소중한 것이었다.

▪▪▪ 탐구하기 / 교회의 존재 목적

우리가 다니는 개신교 교회의 본질은 사도행전에 나타난 초대교회와 '역사 속
에서 하나님 나라를 위해 존재하고 그 일정한 사명을 수행하는 교회공동체' 에

근거를 두고 그리스도의 지상명령을 수행하는 것에 있습니다. 초대 교회는 사도행전 1장 8절의 정신을 따라 세워졌고 따라서 특정 제도나 형식에 의해 규정되지 않았습니다. 교회의 조직과 제도는 교회가 예루살렘으로부터 안디옥, 소아시아, 유럽으로 확장됨에 따라서 점차로 발전되고 서로 다르게 형성된 것입니다. 역사적으로 현실상황에 따라 다양한 모양의 교회가 등장했더라도 교회의 본질은 온전한 하나님의 나라를 이루기 위해 독특하게 자신들에게 주어진 역사적 과업을 구현하는 일에 있는 것입니다.

주어진 성경을 찾고 질문에 답하면서 교회를 알아봅시다.

1. '교회'란 무엇입니까? 에베소서 1장 23절과 아래의 글을 읽고 생각해 봅시다.

• 교회는 그의 몸이니 만물 안에서 만물을 충만하게 하시는 이의 충만함이니라 (엡 1:23)

교회는 그 양식 면에서 '유형교회'와 '무형교회'로 설명이 가능합니다. 단어 그대로 '보이는 교회'와 '보이지 않는 교회'입니다. 유형의 교회란 교인들의 신앙고백과 행위 면에서, 말씀과 성례의 사역 면에서, 또 교회의 외적 조직과 정치면에서 형태를 갖춘 교회입니다. 무형의 교회란 하나님의 영(靈)으로 말미암아 부름 받아 택함 받은 자의 영적 공동체라고 할 수 있으며, 또한 성도들의 영적 회합이라고 정의할 수 있습니다. 그러므로 교회는 예수 그리스도의 십자가 구속과 부활사건에 기초하여 세상을 향하신 하나님의 뜻을 성취해 나가도록 부름 받은 백성들의 공동체입니다.

(하나님을 믿고 그 뜻대로 살기를 소망하는 사람들의 공동체, 또한 그러한 공동체가 만든 건물을 비롯한 많은 것)

부름 받은 하나님의 백성, 즉 교회공동체의 근거는 구약적인 맥락에서는 출애굽 사건과 시내산 언약(율법)의 당사자인 이스라엘 민족이다. 신약에서는 예수 그리스도의 십자가 구속의 사건과 새 계명(은혜)의 계약자로 이제 이스라엘 민족을 포함한 세계 모든 민족들에게 그 가능성이 열리게 되었다. 구약에서는 '회막',

'성막', '성전'과 때로는 '회당'의 유형으로, 그리고 신약에서는 '에클레시아(교회)'로 변천되어 왔다. 사람들은 눈에 보이는 예배당을 교회라고 하기도 하고, 하나님을 믿는 사람들의 공동체를 교회라고 하기도 한다.

2. 초대교회의 모습은 어떠했습니까? 성경을 읽고 이야기해 봅시다.
   (행 4:31-37)

• 빌기를 다하매 모인 곳이 진동하더니 무리가 다 성령이 충만하여 담대히 하나님의 말씀을 전하니라 믿는 무리가 한마음과 한 뜻이 되어 모든 물건을 서로 통용하고 자기 재물을 조금이라도 자기 것이라 하는 이가 하나도 없더라 사도들이 큰 권능으로 주 예수의 부활을 증언하니 무리가 큰 은혜를 받아 그 중에 가난한 사람이 없으니 이는 밭과 집 있는 자는 팔아 그 판 것의 값을 가져다가 사도들의 발 앞에 두매 그들이 각 사람의 필요를 따라 나누어 줌이라 구브로에서 난 레위족 사람이 있으니 이름은 요셉이라 사도들이 일컬어 바나바(번역하면 위로의 아들이라) 하니 그가 밭이 있으매 팔아 그 값을 가지고 사도들의 발 앞에 두니라
(행 4:31-37)

(행 4:31-37 : 기도하였다. 성령이 충만하였다. 하나님의 말씀을 전하였다. 한마음과 한 뜻이 되었다. 물건을 서로 통용하였다. 사도들이 큰 권능으로 주 예수의 부활을 증언하였다. 서로 큰 은혜를 누렸다. 자신의 물건을 팔아 가난한 사람들을 도와주는 공동체였다.)

초대 교회는 하나님으로부터 오는 직접적 교훈을 기다리는 하나님의 백성이라기 보다는 사도들을 따르며 사도들의 목양을 받던 공동체였다. '사도'라는 명칭은 다양한 사역(ministries)중의 하나가 아니라 하나님이 세운 질서 위에 서 있는 권위를 위임받은 자라고 볼 수 있다. 당시의 장로는 제자들의 대표였다. 이들을 중심으로 성경의 표현대로 함께 신앙 공동체로서, 삶의 공동체로서 끈끈한 유대관계를 지닌 공동체였다.

3. 신앙과 생활에 있어서 깊은 유대관계를 지녔던 교회에게는 또 다른 측면의 존재 목적이 있었습니다. 다음의 성경구절 중에서 밑줄 친 부분에 유념하여 교회의 존재 목적을 생각해 봅시다.

- 그 때에 제자가 더 많아졌는데 헬라파 유대인들이 자기의 과부들이 매일의 구제에 빠지므로 히브리파 사람을 원망하니 열두 사도가 모든 제자를 불러 이르되 우리가 하나님의 말씀을 제쳐 놓고 접대를 일삼는 것이 마땅하지 아니하니 또는 재정 출납을 형제들아 너희 가운데서 성령과 지혜가 충만하여 칭찬 받는 사람 일곱을 택하라 우리가 이 일을 그들에게 맡기고 우리는 오로지 기도하는 일과 말씀 사역에 힘쓰리라 하니 온 무리가 이 말을 기뻐하여 믿음과 성령이 충만한 사람 스데반과 또 빌립과 브로고로와 니가노르와 디몬과 바메나와 유대교에 입교했던 안디옥 사람 니골라를 택하여 사도들 앞에 세우니 사도들이 기도하고 그들에게 안수하니라 하나님의 말씀이 점점 왕성하여 예루살렘에 있는 제자의 수가 더 심히 많아지고 허다한 제사장의 무리도 이 도에 복종하니라 (행 6:1-7)

(주님의 말씀, 곧 복음을 전파하여 믿는 이들을 더하는 것, 곧 전도와 선교와도 이어질 수 있다.)

교회는 단지 우리끼리 잘 지내려고 하는 공동체가 아니다. 믿지 않는 이들에게 주님의 말씀을 전하며 함께 신앙 공동체를 이룰 수 있도록 말씀과 복음 전파에 힘쓰는 공동체의 모습은 교회의 존재 목적이기도 하다.

삶 바꾸기 / 부름받은 백성으로서의 삶

특별한 사람, 선택된 소수만이 부름을 받은 것이 아닙니다. 예수님을 따르는 주님의 자녀, 주님의 제자들은 모두가 부름을 받은 특별한 존재인 것입니다. 바로 여러분이, 그리고 우리가 부름을 받은 백성인 것입니다.

부름을 받은 주님의 백성으로서 어떤 삶을 살아야 할까요?

다음 주어진 삶의 영역에서 부름받은 주님의 자녀로서의 나의 모습은 어떠해야 할지 답을 해 보고 구체적인 생활 태도도 적어 봅시다.

삶의 영역	부름받은 성도의 모습	나의 태도는…
교회에서	교회 공동체의 일원으로서의 역할에 최선을 다하겠습니다.	교회학교 교사로서의 나의 역할을 다 하겠습니다.
동네에서	복음전파자로서의 삶을 살겠습니다.	믿지 않는 이웃들을 위해서 기도하겠습니다.
일터에서	성경의 가르침처럼 빛과 소금이 될 수 있도록 노력하겠습니다.	함께 일하는 사람이 모두 행복할 수 있도록 내가 조금 불편하더라도 섬기려고 노력하겠습니다.
가족들간에	자녀들에게 신앙의 본이 되겠습니다.	집에서도 말씀과 기도 생활에 힘쓰고 신앙인다운 모습을 보이도록 하겠습니다.
기타		

'부름받은 성도의 모습'에는 어떤 신앙인이 되어야 겠다는 목표를 정리해 보고 '나의 태도는…'란에는 그것을 위한 구체적인 나의 모습을 적어보자. 남에게 보여주기 위한 것이 아님을 기억하여 자신을 삶과 태도에 대한 지침이 될 수 있도록 깊이 생각하고 적을 수 있도록 한다.

▦ 문답하기

1. '교회'란 무엇입니까? (엡 1:23)

   (하나님으로부터 부름 받은 하나님의 자녀들의 신앙공동체이다.)

2. 초대교회의 모습은 어떠했습니까? (행 4:31-37)

   (기도하였다. 성령이 충만하였다. 하나님의 말씀을 전하였다. 한 마음과 한 뜻이 되었다. 물건을 서로 통용하였다 등)

3. 교회의 궁극적인 존재 목적은 무엇입니까? (행 6:1-7)

   (말씀을 전하여 하나님을 믿은 사람들의 수를 더하는 것, 전도와 선교)

▦ 묵상과 기도

교회는 하나님의 말씀에 귀 울이고 하나님의 인도하심에 순종하는 신앙 공동체입니다. 하나님께서 교회를 통해 주신 직분을 겸손하면서도 충성스럽게 감당하도록 합시다. 이것을 통해서 교회에게는 유익을 주고 자신의 신앙을 성숙시킬 것을 다짐하는 기도의 시간을 갖도록 합시다.

> 교회는 그의 몸이니 만물 안에서 만물을 충만하게 하시는 이의 충만함이니라 (엡 1:23)

교회의 머리되신 주님!
하나님의 백성으로 불러주신 은혜를 감사드립니다.
하나님께서 역사하시는 교회 안에서 주님의 가르침을 따라 하나님의 선한 뜻을 좇아 살아가게 하시고, 또한 필요에 따라 직분을 주셨으니 주님과 교회에 유익되게 하며 하나님을 기쁘시게 할 수 있는 기회로 삼게 하여 주옵소서.
예수님 이름으로 기도드립니다. 아멘.

MEMO

47

5 Faith

하나님의 나라를 지향하는 **공동체** (고린도전서 12장 4–31절)

새길 말씀 · 하나님의 나라는 먹는 것과 마시는 것이 아니요 오직 성령 안에 있는 의와 평강과 희락이라 (롬 14:17)
도울 말씀 · 고전 4:20

이룰 목표

1. 교회의 기능을 이해하고 설명할 수 있다.
2. 하나님 나라에 대해서 이해하고 설명할 수 있다.
3. 하나님 나라의 확장을 위한 교회의 사명을 이해하고 책임의식을 가질 수 있다.

말씀 이해

    초대교회는 예수 그리스도 안에서 형성되었다. 또한 하나님 나라를 증언하라는 그리스도의 사명을 위임받은 하나님의 백성이 모인 공동체이다.

    예수님은 베드로에게 교회를 '반석'(베드로) 위에 세우겠다고 말씀하셨다(마 16:18). 즉, 베드로의 "주는 그리스도시오 살아계신 하나님의 아들"이라는 고백에 대한 진실한 경험이 있는 사람들이 교회의 구성원이 될 수 있다는 말이다. 따라서 교회는 이와 같은 신앙고백을 한 사람들이 모이는 곳이다. 사도 바울은 교회 공동체가 동일한 신앙고백을 가지고 예수 그리스도를 믿는 자들의 연합체로서 교회 안에서는 그 구성원들 사이에 어떠한 차별도 존재하지 않는다고 말했다(골 3:11, 계 7:9-10). 실제로, 사도 바울이 활동하던 당시 사회는, 민족적인 차별(헬라인 vs. 유대인), 율법상(교리상)의 차별(할례당 vs. 무할례당), 문화적인 차별(야인 vs. 스구디안인), 정치·신분상의 차별(종 vs. 자유인)이 빈번했다. 그러나 하나님의 교회는 이 같은 모든 차별과 차이를 초월하여 믿음으로 하나가 되는 공동체인 것이다. '성령'은 교회 안의 차별과 차이를 묶어 하나가 되게 하신다(엡 4:4-6).

    하나님 나라의 백성들이 하는 사역은 크게 (1)카리스마 사역(구약의 경우–사사, 예언자 / 신약의 경우–사도, 예언자, 교사)과 (2)제도적 사역(구약의 경우–제사장, 왕 / 신약의 경우–감독, 장로, 집사)으로 나눌 수 있다. 이 두 사역은 목회적 사역 즉, 하나님의 백성으로 하여금 하나님 앞에서 세계를 대변하고 섬기도록 선택된 거룩한 백성임을 일깨우고, 가르치고, 내보내기 위한 것으로 설명된다.

그러나 중세시대, 교황의 권력이 절대적으로 커지자 개 교회에서의 카리스마적 사역은 극도로 약해졌고 상대적으로 제도적 사역이 교회의 중심이 되었다. 그러나 루터에 의해 만인제사직론을 통한 하나님 백성의 가능성이 드러났고, 최근 들어, 사역의 회복을 위하여, 부분적으로 전통적인 목회신학(목회자 중심 패러다임)으로 부터 평신도사역, 팀 사역의 이름으로 목회자와 평신도 모두가 참여하는 하나님의 백성의 사역에 대한 패러다임 전환이 절실히 요구되고 있으며, 실제적으로 적용하거나 시도하는 교회가 늘어나고 있는 추세이다.

모든 평신도가 하나님의 부름을 받은 평신도 사역자들의 공동체인 교회는 단지 이 땅에서만 복을 누리며 살아가려는 공동체가 아니라 하나님의 나라를 소망하며 이 땅에서 하나님의 나라를 이루어가려고 노력하는 공동체이다.

다음 글을 읽고 주어진 질문에 답해 봅시다.

> 탈무드에 있는 이야기입니다.
>
> 몸뚱이는 하나인데 머리가 둘 달린 아이가 태어났습니다. 이 아이가 둘인가 하나인가를 규명해야 했습니다. 사람들의 의견이 분분했습니다.
> "머리가 둘인데 당연히 두 사람이지!"
> "무슨 소리야. 몸이 하나이니 당연히 한 사람이지!"
> 어찌할 바를 몰라 부모는 이 아이를 유명한 랍비에게 데리고 갔습니다. 이야기를 들은 랍비는 막대기로 아이의 한쪽 머리를 세게 때렸습니다. 그랬더니 맞은쪽의 머리가 "아야"하고 얼굴을 찡그렸는데 다른 쪽 머리는 히죽 웃었습니다. 이때 랍비는 "이 아이는 하나가 아니고 둘입니다. 서로 다른 감정을 느끼고 있으니 말입니다."라고 말했습니다.
>
> 이처럼 둘이 하나가 된다는 것은 감정을 함께 나누는 존재가 된다는 것입니다. 기쁨을 함께 나누는 것입니다. 아플 때 함께 아파하는 것입니다. 괴로울 때 함께 괴로워하는 것입니다. 교회는 다양한 사람들이 모여 있지만 마음을 같이 하고 유기적으로 이루어진 한 몸(고전 12:12-31)입니다.

성경은 교회가 유기체적인 한 몸이라고 가르쳐 주고 있습니다. 그렇다면 교회는 어떤 모습으로 나타나야 할까요?

(유기적인 존재로서 한 몸인 교회는 관계의 친밀성을 바탕으로 교회 구성원들 사이에 많은 교제와 섬김이 나타나야 한다. 함께 예배하고, 함께 식사를 나누며, 함께 삶을 나누는 과정에서 서로를 위해 기도하고, 서로 교류하며 실질적인 도움을 주기에 힘써야 한다.)

성경에 있는 손, 발, 눈에 대한 비유(고전 12:14~27)는 각 지체가 서로에게 필수 불가결한 존재임을 말해준다. 나아가 '아름다운 지체' 뿐 아니라 '부족한 지체'역시 하나님께서 존귀하게 여기신다는 것을 기억해야 한다. 교회 공동체를 비유할 때 '몸'이라는 표현은 '집'이라는 말보다 더욱 유기체적인 느낌을 담고 있다. 유기체라 함은 그 관계가 더욱 친밀하고 생동감이 있음을 표현하는 말이다. 따라서 교회 구성원들 간에 보다 많은 교제와 상호작용이 있어야 함을 암시한다. 따라서 교회의 공동체 구성원들은 구체적인 헌신—사랑, 교제, 섬김—을 위하여 시간과 물질, 그리고 재능으로 섬길 수 있어야 한다.

탐구하기 / 교회의 사명

배울말씀인 고린도전서 12장 4-31절을 중심으로 하여 주어진 성경말씀을 읽고 질문에 답해 봅시다.

1. 초대 교회에서 중요하게 여겼던 일(기능)에는 어떤 것들이 있을까요?

> ① 하나님은 영이시니 예배하는 자가 영과 진리로 예배할지니라 (요 4:24)
> ② 베드로가 열한 사도와 함께 서서 소리를 높여 이르되 유대인들과 예루살렘에 사는 모든 사람들아 이 일을 너희로 알게 할 것이니 내 말에 귀를 기울이라 (행 2:14)
> ③ 그들이 사도의 가르침을 받아 서로 교제하고 떡을 떼며 오로지 기도하기를 힘쓰니라 (행 2:42)
> ④ 또 재산과 소유를 팔아 각 사람 필요를 따라 나눠 주며 (행 2:45)
> ⑤ 안디옥 교회에 선지자들과 교사들이 있으니 곧 바나바와 니게르라 하는 시므온과 구레네 사람 루기오와 분봉 왕 헤롯의 젖동생 마나엔과 및 사울이라 주를 섬겨 금식할 때에 성령이 이르시되 내가 불러 시키는 일을 위하여 바나바와 사울을 따로 세우라 하시니 이에 금식하며 기도하고 두 사람에게 안수하여 보내니라 두 사람이 성령의 보내심을 받아 실루기아에 내려가 거기서 배 타고 구브로에 가서 살라미에 이르러 하나님의 말씀을 유대인의 여러 회당에서 전할새 요한을 수행원으로 두었더라 (행 13:1-5)

① 영과 진리로 예배를 드리는 것
② 말씀을 가르치고 배우는 것
③ 교제하는 것
④ 선행하고 베푸는 것
⑤ 선교하는 것

그리스도께 위임을 받은 사도들의 본격적인 복음 전파의 결과로 많은 사람들이 회개하고 세례를 받게 되면서 자연스럽게 초대교회가 세워졌다. 사도들을 따르며 부름받은 백성이 된 이들은 이제 특정한 날에 정기적인 모임을 갖게 되면서 전통적으로 지켜왔던 유대교의 안식일 의식과는 전혀 다른 '주의 날'을 기념하고 대망하는 예배를 시작하게 되었다. 이 예배에 모인 회중들에게 하나님 나라에 대한 가르침(행 2:14)과 하나님 나라의 백성으로서의 교제(행 2:42)하는 일, 그리고 초대교회 공동체를 대상으로 구제(행 2:45)하고 유대인과 이방인에게 선교(행 13:1-5)하는 일이 초대교회가 행했던 주된 일이었다.

2. 초대 교회가 행했던 일들을 바탕으로 생각해보면 교회에는 세 가지의 특징이 있다고 할 수 있습니다. 각각의 특징과 관련이 있는 성경말씀을 줄로 연결해 봅시다.

1. 교회는 부름 받은 공동체입니다.

2. 교회는 세움 받은 공동체입니다.

3. 교회는 보냄 받은 공동체입니다.

마태복음 28:19-20
그러므로 너희는 가서 모든 민족을 제자로 삼아 아버지와 아들과 성령의 이름으로 세례를 베풀고 내가 너희에게 분부한 모든 것을 가르쳐 지키게 하라 볼지어다 내가 세상 끝날까지 너희와 항상 함께 있으리라 하시니라

이사야 43:1
너는 두려워하지 말라 내가 너를 구속하였고 내가 너를 지명하여 불렀나니 너는 내 것이라

사도행전 2:46-47
날마다 마음을 같이하여 성전에 모이기를 힘쓰고 집에서 떡을 떼며 기쁨과 순전한 마음으로 음식을 먹고 하나님을 찬미하며 또 온 백성에게 칭송을 받으니 주께서 구원 받는 사람을 날마다 더하게 하시니라

첫째, 교회는 부름 받은 공동체이다(이 43:1). 구약시대의 하나님은 이스라엘을 당신의 백성으로 부르셨고 그와 같이 교회를 부르셨다.

둘째, 교회는 세움 받은 공동체이다(행 2:46-47). 하나님은 가르침과 교제를 통하여 교회를 세워나가신다.

셋째, 교회는 보냄 받은 공동체다(마28:19-20) 하나님은 하나님과 세계를 섬기게 하고 또 증언하게 하기 위하여 교회를 사용하신다.

3. 초대교회는 예수 그리스도의 재림을 진심으로 바라고 있었습니다. 오늘의 교회 역시 재림의 신앙을 가지고 살아가야 합니다. 이 재림의 신앙은 곧 무엇을 마음에 두고 살아가는 것일까요? 다음 두 성경구절을 바탕으로 생각해 봅시다.

• 사람들이 동서남북으로부터 와서 하나님의 나라 잔치에 참여하리니 (눅 13:29)
• 하나님의 나라는 먹는 것과 마시는 것이 아니요 오직 성령 안에 있는 의와 평강과 희락이라 (롬 14:17)

(하나님의 나라)

교회는 예수 그리스도에 대한 믿음에 토대를 두고 지역과 계층은 물론 민족과 인종을 뛰어넘어 모든 사람들이 하나가 될 수 있어야 한다. 부름 받은 하나님의 백성이 마음에 담아두고 소망하며 살아가야 할 나라는 이 땅의 나라가 아니라 주님의 뜻이 이루어지는 '하나님 나라'이다.

4. '하나님 나라' (천국)은 어떤 곳이라고 생각하십니까? 아래 글 '하나님 나라'를 읽고 생각을 나누어 봅시다.

하나님 나라

'천국' 또는 '하나님 나라'라는 단어는 마태복음에는 56회, 마가복음에는 21회, 누가복음에는 46회가 언급되어 있습니다. '천국'이란 단어는 예수님 당시에도 낯선 용어가 아니었습니다.

천국은 곧 하나님이 통치하는 하나님의 나라입니다. 시공간적인 면에서 천국은 완전한 미래적 사건인 동시에 비록 불완전하지만 이미 우리가 살고 있는 곳에 도래해 있습니다. 이것을 '오실 하나님의 나라', '오신 하나님의 나라'라고 표현할 수 있습니다. 하나님 나라의 완전한 형태는 과거의 모습에서 찾는다면 타락이전의 낙원(파라다이스)의 상태로, 미래의 모습에서는 주님께서 재림하셔서 대심판이 끝난 후 온전한 하나님의 통치가 이루어지는 때를 말합니다.

(각자의 이야기를 들어본다.)

사람들은 하나님의 나라를 저 우주에 있는 또 다른 세상이라고 믿기도 하고, 마음속에만 존재하는 상상의 나라라고 여기기도 하고, 알 수 없는 곳이라고 대답하기도 할 것이다. 인도자는 '하나님 나라'를 읽고 하나님의 나라(천국)에 대한 바른 이해를 전해 주도록 한다.

5. 모든 그리스도인과 교회가 지향해야 할 '하나님의 나라'는 누가 다스리는 나라일까요?

> • 모든 통치와 권세와 능력과 주권과 이 세상뿐 아니라 오는 세상에 일컫는 모든 이름 위에 뛰어나게 하시고 또 만물을 그의 발 아래에 복종하게 하시고 그를 만물 위에 교회의 머리로 삼으셨느니라 (엡 11:21-22)

(하나님 / 예수 그리스도)

하나님 나라는 우리가 죽어서 가는 곳, 이 곳이 아닌 저 곳만을 의미하는 것이 아니라 예수님은 하나님 나라를 미래의 이야기로만 다루지 않으셨다. 하나님 나라는 곧 예수님의 나라이며 이는 예수님의 뜻이 이루어지며 그리스도의 주권이 다스리는 세상을 말한다. 곧 하나님, 예수 그리스도께서 통치하시는 나라이다.

6. 성결교회는 중생, 성결, 신유, 재림의 사중복음을 중요하게 여기고 있습니다. 이러한 사중복음의 신앙을 바탕으로 본다면 성결교회는 하나님의 나라에 대해서 어떤 자세와 믿음을 지니고 있는 교회라고 할 수 있을까요?

(성결교회는 성령의 능력으로 거듭나고, 예수 그리스도의 뜻을 따라 삶을 살며, 성령의 능력으로 병고침을 이루면서 이 땅에 하나님의 뜻이 이루어지기를 바라고 마침내 예수님께서 다시 이 땅에 오셔서 하나님 나라를 온전히 이루심을 믿는 교회이다.)

성결교회는 웨슬리 신학과 복음주의 신학을 바탕으로 하여 중생, 성결, 신유, 재림의 사중 복음에 대한 통합적 신앙을 지향하면서 하나님 나라의 일꾼으로서 사명을 감당하는 공동체이다. 성결교회는 지난 백 년 동안 복음전파와 하나님 나라 확장에 따른 고난과 핍박을 견디어 왔고, 이제 예수 그리스도의 지상명령에 대해 천 년을 이어갈 교회로 발돋움하고 있다.

삶 바꾸기 / 폼페이의 충성스런 군인

다음 글을 읽고 주어진 질문에 답해봅시다.

'폼페이 최후의 날'을 아십니까?

로마 시대 초기에 전성기를 맞이한 폼페이는 고대도시로서는 규모가 상당히 컸으며, 인구는 2만~5만에 이른 것으로 추정됩니다. 폼페이에서는 대폭발이 있기 이전인 A.D. 63년 2월에도 큰 지진이 일어나 큰 피해가 있었습니다. 그 뒤 다시 복구되어 전보다 훨씬 훌륭한 도시로 재건되었으나, 79년 8월 베수비오 화산의 대폭발로 2~3m 두께의 화산력(火山礫)과 화산재가 시가지를 덮어버렸습니다. 대부분의 주민은 참화를 면했으나 2,000여 명이 사망하였습니다. 대폭발 후 15세기까지 폼페이의 존재는 잊혀졌습니다. 16세기 말부터 소규모 발굴이 시작되고 현재에도 진행중입니다. 전성기에 갑자기 멸망하였으므로, 당시 로마 도시의 일상생활을 자세히 알 수 있는 흥미로운 자료들이 발굴되었으며, 그것들은 상당히 쾌락적이고 현세 향락적인 도시 생활을 하고 있었음을 말해주고 있습니다.

영국 런던의 워커 미술관에는 미술가 "콘트티"가 그린 충성이라는 제목의 그림이 있습니다. '폼페이(Pompey) 최후의 날'과 관련이 있는 그림입니다. 성내의 많은 사람들이 죽음을 피해 물밀듯이 피난을 가는데 성문을 지키고 있던 한 군인이 성문을 지켜야하는 자신의 책임을 다하기 위해 죽음의 공포에서 조금도 요동치 않고 그 뜨거운 화산의 용암을 맞으면서도 창을 짚고 당당히 서 있는 모습을 그린 그림입니다. 세상의 온갖 유혹이나 환란으로부터 자신의 책임을 다하고 지켜야할 것을 지켜내고자 하는 이런 충성된 군인의 모습은 오늘날 세상을 향한 교회와 그리스도인들이 감당해야 할 책임 있는 신앙인의 모습입니다.

하나님 나라를 소망하며 하나님 나라를 위해 충성해야 하는 그리스도인으로서 가장 마음에 두어야 할 삶의 자세는 무엇일까요? (마 28:18-20, 막 16:15, 행 1:8)

(각자의 생각을 들어본다. 하나님을 사랑하는 일, 이웃을 사랑하는 일, 하나님의 뜻대로 사는 것 이러한 모든 것들이 필요하고 중요한 일들이지만 예수님께서 우리에게 주신 마지막 명령(대사명)은 땅끝까지 이르러 복음을 전하는 것(하나님 나라의 선포')이었음을 기억할 필요가 있다.)

교회는 그리스도로부터 시작된 하나님 나라 안에서 살고 있을 뿐 아니라 더욱 온전한 하나님 나라의 건설을 위해 부름 받았다. 특히, 그리스도인과 교회공동체는 하나님 나라를 위해 맡겨진 직분과 사명에 충성해야 한다.

문답하기

지금까지 공부했던 내용들을 기억하면서 다음의 질문들에 답해 봅시다.

1. 교회를 유기적 지체로서의 몸으로 비유한 까닭은 무엇일까요?

(교회 구성원들은 서로에게 필수불가결한 존재로서 친밀한 교제와 상호작용이 있어야 한다는 의미이다. 모두가 하나님 앞에서 필요한 존재이며 소중한 존재이다. 또한 서로 돕고 보완해야 하는 존재이기도 하다.)

2. 교회에서는 어떤 사역들이 있습니까?

(예배, 선포, 성례전, 교육, 교제, 선교 등의 사역이다. 이러한 사역의 범주 속에 교회의 여러가지 행사와 활동 들이 담겨있다. 이웃을 돕고 섬기며, 선을 행하는 모습들도 이러한 범주 속에 속해있다.)

3. '천국' 곧 하나님 나라가 뜻하는 바는 무엇인가요?

(하나님의 뜻과 통치가 이루어지는 모든 시간과 공간. 이미 우리 곁에 와 있으며, 또한 앞으로 오실 나라)

4. 하나님 나라를 소망하며 살아가는 그리스도인과 교회의 자세는 어떠해야 할까요?

(하나님을 더욱 사랑한다. 이웃을 더욱 사랑한다. 하나님의 뜻을 이루기 위해 노력한다. 하나님의 복음을 온 세상에 전파하기 위해 노력한다.)

묵상과 기도

성령 안에서 하나님 나라의 의와 평강과 희락을 간절히 소망하며 일상의 삶 속에서 어떻게 하면 이와 같은 은혜를 누릴 수 있을 것인가를 묵상합시다. 그리고 함께 기도합시다.

> 하나님의 나라는 먹고 마시는 것이 아니요 오직 성령 안에서 의와 평강과 희락이라 (롬 14:17)

평강의 주님!
하나님 나라가 오늘 내 마음속에 그리고 우리의 가정과 교회 속에,
나아가 우리나라와 지구촌 곳곳에 충만하게 임하게 하옵소서.
하나님께로부터 부름 받은 백성과 교회공동체가 예수 그리스도가 선포하신
하나님 나라를 이루어가는 신실한 일꾼들이 되게 하옵소서.
예수님의 이름으로 기도합니다. 아멘

MEMO

세례 (요한복음 3장 1-5절)

새길 말씀 · 베드로가 이르되 너희가 회개하여 각각 예수 그리스도의 이름으로 세례를 받고 죄 사함을 받으라 그리하면 성령의 선물을 받으리니 (행 2:38)
도움 말씀 · 벧전 3:21-22, 마 28:19, 갈 3:27, 롬 6:3-4

1. 세례의 기원에 대해 알 수 있다.
2. 세례의 의미를 깨닫고 설명할 수 있다.
3. 세례교인으로서 그에 합당한 삶을 살기로 결단한다.

이룰 목표

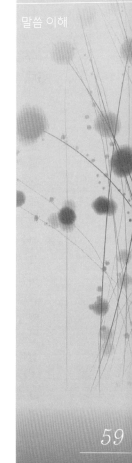

말씀 이해

세례는 '물에 가라앉히다.' 혹은 '물에 잠그다.' 라는 뜻을 지닌 용어로서, 다음의 세 가지 의미로 사용된다.

첫째, 유대교의 개종의식으로서의 세례이다. 유대인들이 새로운 개종자들을 유대교에 받아들일 때 종교적인 정화의 의미로 물을 사용해서 세례를 베풀었다. 이 의식이 거행되는 동안에는 모세의 율법이 낭독되었고 단지 의식적인 정화 행위로서가 아닌 영적인 요소들을 함께 갖추고 있어서 이스라엘의 하나님께 자기 자신을 봉헌하는 행위로 간주된다.

둘째, 세례 요한의 세례이다. "요한이 요단 강 부근 각처에 와서 죄 사함을 받게 하는 회개의 세례를 전파"(눅 3:3)했을 때 세례는 개종의식으로서의 세례의 연장으로 여겨진다. 요한은 이방인에게뿐 아니라 유대인들에게도 세례를 베풀었으며(막 1:5), 더욱이 요한은 세례의 윤리적인 의의와 그 중요성을 강조하여 바리새인들과 사두개인들에게 "회개에 합당한 열매를 맺으라."고 명하였다. 요한이 베푼 세례의 두드러진 특징은 종말론적인 성격에 있다. 요한은 이 의식을 현재 도래하고 있는 하나님 나라에 대한 선포, 즉 "회개하라, 천국이 가까왔느니라."는 말씀에 관련지었다. 요한의 세례는 그 세례를 받는 사람들에게 현재 도래하고 있는 하나님 나라에 들어갈 준비를 시키기 위한 도덕적인 정화 의식이었다.

셋째, 예수님의 세례다. 예수님은 세례 요한에게 세례를 받으셨다(막 1:9-11, 요 1:32-34). 마태복음 3장 14-15절의 내용은 예수께서

믿음

세례 요한에게 세례를 받으셨던 사실이 초대 기독교인들의 마음에 큰 감동을 일으켰었다는 사실을 보여준다. 예수님의 사역이 원래 세례 요한의 설교와 세례에 연관되어 있었다는 사실은 사도행전 10장 37-38절에 분명하게 드러나 있다. 예수님께서 요단강에서 세례를 받으심으로써 팔레스타인에서의 선교활동을 시작하셨던 것처럼 또한 그는 그 후에 갈보리 십자가에서 "세례"를 받으심으로써 지상의 선교활동의 제한에 구속받지 않는 더 넓은 선교활동을 시작하셨던 것이다.

⋮⋮⋮ 마음 나누기 / 세례받던 날 – 한 여성의 신앙간증문

다음은 한국으로 국제결혼을 와서 다문화가정을 이룬 한 여성의 신앙간증입니다. 읽고서 질문에 답해 봅시다.

> 저는 OOOO년 10월 4일 한국에 입국했습니다.
> 흔히 말하는 국제 결혼이었습니다.
> 결혼하고 한국생활은 너무 힘들었습니다.
> 언어소통이 안 되고, 생활방식이 다르고 문화의 차이는 너무 커서 이런저런 갈등이 계속 되었습니다.
> 남편뿐아니라 시댁과의 갈등은 말할 수 없이 고통스러웠습니다.
> 저는 견딜 수 없어서 가출을 했고, 인권센터를 전전하며 지냈습니다.
> 그 후에 센터 소장님을 비롯한 센터의 가족들의 도움으로 남편과의 대화가 시작되었습니다. 그리고 일시적으로 남편과 분가를 하게 되었습니다.
> 그러나 이제는 제 몸이 문제였습니다.
> 예상치 못했던 병으로 불안한 나날을 지내야 했습니다.
> 한쪽나팔관이 막히고, 매우 아팠습니다.
> 산부인과를 전전하고 수술도 받았으나 소용이 없었습니다.
> 저는 너무 불안하고 공포심으로 하루하루 살아야했습니다.
> 그 후에 OOOO년 11월부터 ***성결교회에 출석하게 되었습니다.
> 늘 머리가 아프고 집에 혼자 있으면 불안하여 견딜 수 없었지만,
> 교회 목사님을 비롯한 여러 성도님들의 기도로 힘을 얻었습니다.
> 조금씩 성경을 읽었고, 익숙하지는 않았지만 기도에 힘을 쏟았습니다.

그리고 마침내 예수님을 나의 구주로 영접하였습니다.
세례를 받던 날, 제 마음에 불안함이 사라지고, 그동안 심하게 괴롭히던 두통도 사라지고 마음에 평안함이 찾아왔습니다.
이제 제 마음은 더 이상 불안하지 않았습니다.
왜냐하면 하나님께서 나의 아버지가 되시고, 예수님께서 십자가에서 나를 구원하셨음을 믿기 때문입니다. 주님이 나를 지켜주실 것입니다.
남편과 시댁과의 관계도 좋아지고 있습니다.
저는 하나님께서 저에게 예쁜 아기도 주실 것을 믿고 기도합니다.
그리고 이제 천국백성으로 하나님과 함께 살아갈 것입니다.
나를 구원해주심에 감사드립니다.

OOOO년 O월 O일 세례받던 날을 기억하며

한국명 진은혜(가명) 성도

세례를 받으면 어떤 기분이 들 것 같습니까?

(각자의 생각을 나누어 본다.)

세례 준비자 과정 중에 있는 학습 대상자에게 어떤 명확한 대답을 기대하기란 무리일 수 있다. 어떤 기대감이 있는지, 무엇을 바라는지, 다른 세례 유경험자들로 부터는 어떤 이야기들을 들었는지 자연스럽게 이야기를 나누어 보자.

탐구하기 / 세례의 의미

1. 세례란 어떤 의미를 지니고 있을까요? 주어진 성경구절을 읽고서 (   ) 안에 들어갈 적절한 단어를 보기에서 찾아넣어봅시다.

① 예수 그리스도와의 연합 ② 구원(개종) ③ 교회의 정식 구성원

① 세례에는 (구원〈개종〉)의 의미가 있습니다.

• 베드로전서 3장 21절
  물은 예수 그리스도께서 부활하심으로 말미암아 이제 너희를 구원하는 표니 곧 세례라 이는
  육체의 더러운 것을 제하여 버림이 아니요 하나님을 향한 선한 양심의 간구니라

개종(改宗)이란 말에는 현재까지 자신이 믿고 의지 했던 대상으로서의 신(神)에 대한 교체를 말한다. 개종의식으로서 치러지는 세례에는 이전에 의지했거나 강한 영향을 받았던 우상으로부터의 정신적 · 물리적 영향력을 제거하고 분리시키는 '성결'의 요소가 담겨있다.

② 세례에는 (예수 그리스도와의 연합)의 의미가 담겨있습니다.

• 골로새서 2장 12절
  너희가 세례로 그리스도와 함께 장사되고 또 죽은 자들 가운데서 그를 일으키신 하나님의
  역사를 믿음으로 말미암아 그 안에서 함께 일으키심을 받았느니라

세례에는 자신에 대한 옛 사람의 죽음, 그리스도와 함께 살리심을 받는 새 사람의 탄생, 그리고 거룩하신 그리스도와 추악한 죄인인 자신과의 연합됨의 의미가 있다.

③ 세례를 받으면 (교회의 정식 구성원)이 된다는 의미가 있습니다.

• 사도행전 2장 40-41절
  또 여러 말로 확증하며 권하여 이르되 너희가 이 패역한 세대에서 구원을 받으라 하니 그 말
  을 받은 사람들은 세례를 받으매 이 날에 신도의 수가 삼천이나 더하더라

세례를 받으면 교회 공동체의 정식 구성원이 된다. 그냥 교회에 다니는 것이 아니라 책임과 권리를 지니는 가족이 되는 것이다. 자신이 진정한 그리스도인이라는 정체감의 확인과 더불어 하나님께로부터 부름 받은 교회공동체의 일원으로서 커다란 영향력을 갖게 된다. 교회 법상 교회의 다양한 직위와 직분의 시작은 세례

교인으로부터 출발되는 이유가 여기에 있다. 그래서 오늘날 대부분의 교회에서는 사무총회(공동의회) 정회원의 자격으로서 세례교인을 기본조건으로 명시하는 이유가 바로 이것 때문이다.

함께 읽어봅시다.

세례가 지니는 의미에 대해서 다음과 같이 정리할 수도 있습니다.

① 옛 사람의 죽음
세례는 자신에 대해 죽는 것을 의미한다(롬 6:3-4). 세례를 통해 우리의 이기적인 자아가 죽은 것을 뜻한다. 죄를 범하던 우리의 옛 삶을 가리킨다. 이기적이고 공격적이던 모든 악습에서 벗어나는 것이 바로 '자신에 대해 죽는 것' 이다.

② 새 사람의 탄생
세례는 또한 그리스도와 함께 살리심을 받는 것을 의미한다(골 2:12). 그리스도께서 십자가 죽음 후에 삼일 만에 부활하신 것처럼, 십자가에서 자신의 이기적인 자아(죄인)가 죽고, 부활하신 주님처럼 새 생명을 얻고, 전혀 새로운 존재(의인)로 다시 태어남을 의미한다.

③ 그리스도와 연합
세례를 통해 우리는 그리스도와 연합한다(갈 3:27). 이것은 복음에 내포된 신비이다. 이로 인해 성도는 끝없는 감사와 찬양을 그리스도께 돌려 드릴 수밖에 없는 것이다.

세례에 대해서

다음은 세례에 대한 질문입니다. 주어진 성경구절을 읽고 질문에 답해 봅시다.

1. 세례를 받을 기본적인 자격조건은 무엇일까요?

• 사도행전 2장 37-41절
그들이 이 말을 듣고 마음에 찔려 베드로와 다른 사도들에게 물어 이르되 형제들아 우리가 어찌할꼬 하거늘 베드로가 이르되 너희가 회개하여 각각 예수 그리스도의 이름으로 세례를 받고 죄 사함을 받으라 그리하면 성령의 선물을 받으리니 이 약속은 너희와 너희 자녀와 모든 먼 데 사람 곧 주 우리 하나님이 얼마든지 부르시는 자들에게 하신 것이라 하고 또 여러 말로 확증하며 권하여 이르되 너희가 이 패역한 세대에서 구원을 받으라 하니 그 말을 받은 사람들은 세례를 받으매 이 날에 신도의 수가 삼천이나 더하더라

(진정한 회개가 담긴 신앙 고백)

세례를 받을 수 있는 자격은 자기 신앙을 고백하는 신자로서, 글로써 신앙을 고백하거나 공개적으로 신앙을 선언하여 그리스도에 대한 믿음을 나타내는 사람에게 주어집니다.

2. 세례는 물세례와 성령 세례로 구분이 됩니다. 이 두 가지는 서로 어떠한 차이가 있을까요? 자신의 생각을 이야기해 봅시다.

• 마태복음 3장 1절
자기들의 죄를 자복하고 요단 강에서 그에게 세례를 받더니

• 마태복음 1장 8절
요한은 낙타털 옷을 입고 허리에 가죽 띠를 띠고 메뚜기와 석청을 먹더라 그가 전파하여 이르되 나보다 능력 많으신 이가 내 뒤에 오시나니 나는 굽혀 그의 신발끈을 풀기도 감당하지 못하겠노라 나는 너희에게 물로 세례를 베풀었거니와 그는 너희에게 성령으로 세례를 베푸시리라

(각자의 생각을 들어본다.)

일반적으로 물세례를 통해 죄 사함을 받아 성령을 받고 이어 성령세례를 받는 것으로 인식되고 있다.
물세례 의식은 공개적으로 행해지며, 세례 받는 사람이 하나님의 은혜와 그리스도를 믿는 사람에게 주어지는 하나님의 약속의 징표를 공개적으로 선언하는 것

이다. 물세례 역시 예수 그리스도를 주라 시인하는 것이기 때문에 성령으로 말미암는 것이다. 때문에 성령은 믿는 자의 중생에 역사한다고 할 수 있다.

성령세례는 성령이 역사하시는 또 다른 세례로 성도의 삶을 거듭나게 한다. 이를 일컬어 '그리스도의 완전', '성령 충만'이라 한다. 흔히, 성령세례하면 생각나는 '통성기도' '방언' '불세례' 등보다 훨씬 넓은 의미라 할 수 있다.

함께 읽어봅시다.

물세례의 여러 형태
① 살수례–물을 머리에 뿌리는 방식
② 관수식–물을 머리에 붓는 방식
③ 침례–몸 전체를 물 속에 담그는 방식

물을 뿌리거나 붓는 방식에서의 물은 그리스도의 피가 사람의 죄를 없애 깨끗하게 하는 것을 상징합니다. 이 의식은 위쪽에서 아래로 행해져 생명을 주는 성령의 선물을 나타내며, 사람에 의한 행위가 아니라 하나님에 의한 것임을 강조하는 것입니다. 물에 완전히 잠기는 침례의식은 침례 받는 사람이 물에 잠겼다 꺼내짐으로써 그리스도와 함께 죽은 후 성령에 의해 새로운 삶을 얻는 것을 강조합니다. 모든 종류의 세례의식은 공개적으로 행해지며, 세례 받는 사람이 받는 하나님의 은혜와 그리스도를 믿는 사람에게 주어지는 하나님의 약속의 징표를 공개적으로 선언하는 것입니다.

3. 성령 세례는 어떻게 받을 수 있나요?

• 사도행전 2장 38절
베드로가 이르되 너희가 회개하여 각각 예수 그리스도의 이름으로 세례를 받고 죄 사함을 받으라 그리하면 성령의 선물을 받으리니

(각자의 생각을 들어본다. 일부 사람들은 큰 소리(통성)로 기도한다. 금식한다. 회개기도를 한다. 기도원에 들어가 작정 기도 등을 한다고 답을 할 수도 있다. 본문은 회개하고 세례를 받고 죄사함을 받을 때 성령을 받을 수 있다고 한다.)

성령세례를 받는 방법에는 여러 가지가 있을 수 있으나 다음의 몇 가지는 필수적이다.

① 회개(행 2:38)-마음의 변화와 더불어 삶의 방향전환(metanoia)을 말한다. 죄를 향한 길(방식)을 버리고 하나님께로 돌아오는 것이다.

② 죄의 단절-회개하고 중생한 사람은 죄된 삶을 청산하고 의로운 삶을 지향해야 한다.

③ 간증-예수 그리스도를 영접했다는 것을 공공연하게 간증(공적인 고백)해야 한다.

④ 순종(행 5:32)-교회의 가르침과 하나님의 뜻에 순종한다.

⑤ 갈망-우는 아기에게 젖을 주듯이 하나님은 목마른 사슴이 시냇물을 찾듯이 갈급한 사람에게 성령세례를 주신다.

⑥ 간구(약 5:13, 마 7:7)-하나님은 기도하는 자의 편이요, 기도하는 자의 소원을 외면치 않으신다.

⑦ 확신(막 11:24, 마 21:22)-구하여 받은 줄로 믿어야 합니다. 모든 신자는 성령세례를 받아야 하고 성령 충만한 신앙생활을 하도록 해야 합니다.

삶 바꾸기 / 나의 세례 신앙 간증문

마음 나누기에서 읽었던 어느 여성의 세례 신앙 간증문을 기억하십니까? 세례를 준비하는 우리에게는 어떤 신앙의 고백이 있습니까? 나의 신앙간증문을 작성해 보도록 합시다.

세례 신앙 간증문

교회 :   이름 :

신앙생활을 하기 전의 나의 모습은 어떠했나요?

어떻게 신앙생활을 하게 되었나요?

어떻게 구원의 확신을 받았나요?

세례를 받는 나의 마음은 어떠한가요?

어떤 신앙인이 되고 싶습니까?

우리는 세례를 통하여 다음과 같은 은혜를 누릴 수 있다. ① 교회공동체의 지체가 됨(그리스도 안에서 하나 됨/고전 12:13, 갈 3:27-28) ② 은혜의 언약을 징표로 받음(롬 4:11, 골 2:11-13) ③ 그리스도와 연합된 삶(롬 6:5, 갈 3:27) ④ 중생의 기쁨(딛 3:5-6) ⑤ 사죄의 은총(막 1:4, 행 2:38) ⑥ 하나님께 헌신하는 새 생활로 인도 됨(롬 6:3-4)

세례를 앞 둔 시점에서 신앙 간증문을 작성해 보는 것은 매우 의미있는 일이다. 하지만 짧은 시간내에 완성도 있는 신앙간증문을 작성하는 것은 쉬운 일이아니다. 위 표에서 주어진 5개의 질문을 바탕으로 신앙간증문의 틀을 잡아보도록하자. 이 세례자 교육이 끝나는 기간 동안, 혹은 세례를 받기 전까지 인도자가 관심을 가지고 신앙간증문을 완성해 나갈 수 있도록 해보자. 완성될 신앙간증문은 5분 이내 A5 한 장 이내로 작성하는 것이 적당하다.

▦ 문답하기

1. 세례의 의미는 무엇입니까? 세 가지를 적어봅시다.
   (롬 6:3-4, 골 2:12, 갈 3:27)

   예수 그리스도와의 연합, 구원(개종), 교회의 정식 구성원이 된다는 의미, 혹은 옛
   사람의 죽음(롬 6:3-4), 새 사람의 탄생(골 2:12), 그리스도와 연합 됨(갈 3:27)

2. 세례를 받을 수 있는 자격조건은 무엇입니까? (행 2:37-41)

   회개하고 자기 신앙을 고백하는 신자

묵상과 기도

세례를 준비하는 신앙인으로서 오늘 삶의 현장에서 영적으로나 현실적인 면에 있어서 나에게 구체적으로 필요한 하나님의 은혜를 소망하며 말씀을 묵상하고 기도합시다.

> 베드로가 이르되 너희가 회개하여 각각 예수 그리스도의 이름으로 세례를 받고 죄 사함을 받으라 그리하면 성령의 선물을 받으리니 (행 2:38)

은혜의 주님!
우리들 자신 모두에게는 허물이 있습니다.
항상 연약하고 부족하지만 성령께서 나를 지지해주시고 선하게 인도해 주심을 기대합니다. 믿음 가운데 더욱 성장하여 온전히 주님의 자녀로, 교회의 성실한 구성원으로 성장할 수 있도록 도와주시옵소서. 기대함으로 세례를 준비하게 하시고 세례받기에 부족함없는 성도가 될 수 있도록 인도해 주옵소서.
예수님 이름으로 기도합니다. 아멘

MEMO

69

중생 <small>(요한복음 3장 3–5절)</small>

새길 말씀 · 예수께서 대답하시되 진실로 진실로 네게 이르노니 사람이 물과 성령으로 나지 아니하면 하나님의 나라에 들어갈 수 없느니라 (요 3:5)

이룰 목표
1. 중생의 본질을 설명할 수 있다.
2. 중생이 성령의 역사임을 설명할 수 있다.
3. 중생 이후의 삶에 대해 말할 수 있다.

말씀 이해

요한복음 3장 3절의 '거듭나다.'는 그리스어로 '아나겐나오' (anagennao)이다. 이는 '위로부터', '새롭게'를 뜻하는 말인데, 거듭남이 하나님으로부터 나는 것을 의미하며, 곧 인간의 제2의 출생을 뜻한다. 신약 신학자 콘첼만은 하나님으로부터 나는 것을 초자연적 출생으로 보고 있으며, 칼뱅은 인간의 전체 본성이 새롭게 되는 사건이라고 해석한다.

또한 '하나님 나라를 본다.'는 구절은 하나님 나라에 들어간다는 말로도 바꾸어 쓸 수 있다. 이는 인간의 구원을 뜻한다는 의미로 해석할 수가 있다. 니고데모는 유대 최고의회인 산헤드린의 회원이었다. 그럼에도 불구하고 그는 위로부터 난다는 의미를 잘 이해하지 못했다. 신약 신학자 불트만이 말한 것처럼, 다시 난다는 것은 '새로운 근원으로 되는 것'을 의미하는 것이기 때문에 그것은 스스로 이룰 수가 없고 오직 성령의 활동으로 성취될 수가 있는 것이다. 그러므로 '위로부터'와 '하나님의 영을 통해서'라는 말은 동일한 말이며 위로부터 새로 태어난다는 말은 하나님의 영을 통해서 새로 태어난다는 말과 같다.

5절의 '물과 성령으로'라는 말은, '물, 즉 성령으로' 이해되곤 한다. 왜냐하면 물로 씻는다는 것도 성령의 활동으로 간주할 수 있고, 물은 영적인 생명의 원천으로 볼 수 있기 때문이다. 그러므로 물과 성령은 동어반복적인 개념으로 생각할 수 있다. 또한 여기서 중요한 것은 거듭난다는 것인데 하나님의 깊은 만남을 말하는 것으로 인간이 자기의 근본을 망각하지 않은 채 자기 자신을 이해하고, 헛된 일로부터 더 이상 괴롭힘을 당하지 않는 존재방식으로 생각하면 이해가 쉬울 것이다.

마음 나누기 / 웨슬리의 회심과 변화

아래의 글을 읽고 질문에 답해 봅시다.

1738년 5월 24일, 존 웨슬리는 런던에 있는 올더스케이트(Aldersgate) 거리에 있는 한 집회에 참석했습니다. 거기서 어떤 사람이 루터가 쓴 〈로마서를 위한 서문〉을 읽고 있었습니다. 그 중에는 '믿음만으로 사람을 의롭게 여겨 주신다'는 대목이 있었습니다. 웨슬리는 그것을 들었을 때의 느낌을 다음과 같이 기록하였습니다. "오후 9시 15분경, 나는 내 마음이 이상하게도 따뜻해지는 것을 느꼈다. 나는 구원을 얻기 위해서 오로지 그리스도만을 신뢰하겠다는 마음이 생겼다. 그리고 이와 같은 나의 죄를 그리스도께서 물리쳐 주시고 죄와 사망의 법에서 나를 건져주셨다는 확신을 얻었다. 그 후에 나는 나를 모욕하고 핍박하던 자를 위하여 정성껏 기도하였다. 거기서 나는 처음으로 마음속에 깨달은 것을 거기 있는 모든 사람들 앞에서 이렇게 증거하게 되었다."

"인간이 하나님에게서 태어나기 전, 단순히 자연적인 상태에 있을 동안에는 영적인 의미에서 비록 눈이 있으나 보지 못합니다. 벗길 수 없는 두터운 장막이 눈을 덮고 있습니다. 그는 귀가 있어도 듣지를 못합니다. 그가 가장 관심을 가지고 들어야 하는 것을 전혀 들을 수 없습니다. 그러므로 그는 하나님께 대한 지식이 없습니다. 그분과 교제도 할 수 없습니다. 그러나 그가 하나님에게서 태어나자마자 이 모든 특징에 전적인 변화가 일어납니다. '이해의 눈'이 열립니다."

존 웨슬리는 영국 성공회의 목사였습니다. 그는 옥스퍼드에서 한 모임을 이끌며 엄격한 경건 생활을 추구하게 되었는데, 그것이 기원이 되어 그 모임에는 메소디스트(methodist)라는 별칭이 붙게 되었습니다. 후에 감리교회를 창시한 그는 특히 중생과 성결을 강조하였습니다. 우리 성결교회는 웨슬리의 신앙적인 체험과 교리를 근간으로 하는 신앙전통을 따르고 있습니다.

예수님을 믿으면 웨슬리 목사님이 체험한 이런 변화들이 일어납니다. 이것을 두고 중생이라고 합니다. 예수님을 믿고 난 이후에 나에게 일어난 변화들은 어떤 것들이 있습니까?

(각자의 이야기를 들어본다.)

예수님을 믿고 난 이후에 우리는 크고 작은 변화들을 경험한다. 주일에 교회에 가고, 예배와 모임에 참석하는 것처럼 일상적인 생활의 변화도 있을 수 있다. 식사 때나 무슨 일을 시작하고 끝을 맺을 때 기도하는 생활도 나에게 생긴 변화가 될 수 있다. 그러나 좀 더 궁극적인 변화는 나의 가치관, 세계관, 인생관 등의 변화이다. 신앙인이었던 웨슬레 목사님도 궁극적으로는 예수님을 온전히 믿고 난 후에 삶이 변화되었다. 이 시간에는 일상생활의 변화에서부터 삶의 가치관의 변화에 이르기까지 자유롭게 이야기를 나누어 보자.

∷ 탐구하기

배울말씀을 바탕으로 한 주어진 성경 말씀을 읽고 질문에 답해 봅시다.

1. 중생의 본질

> • 니고데모가 이르되 사람이 늙으면 어떻게 날 수 있사옵나이까 두 번째 모태에 들어갔다가 날 수 있사옵나이까 예수께서 대답하시되 진실로 진실로 네게 이르노니 사람이 물과 성령으로 나지 아니하면 하나님의 나라에 들어갈 수 없느니라 (요한복음 3:4-5)

예수님을 찾아온 니고데모에게 예수님은 거듭나지(중생하지) 않은 사람은 하나님 나라를 볼 수 없다고 말씀하십니다. 어떻게 중생할 수 있습니까?
(참조 : 엡 4:30, 살전 5:19)

(물과 성령으로 거듭나야 한다.)

중생은 예수 그리스도를 믿고서 예수님을 나의 구주로 시인하게 될 때 성령에 의해서 나에게 인격적인 변화가 일어나는 것을 말한다. 이러한 변화는 세례(혹은 하나님의 말씀을 믿음)와 성령의 충만으로 이루어질 수 있는 것이다. 다시 말해서 중생의 본질은 성령에 의한 성도의 인격적 변화를 말한다.

성결교단의 헌법에 따르면, "중생은 곧 영으로 나는 일이니 신비에 속한 영적 변화이며 모든 사람이 자기의 죄를 회개하고 십자가에 달려 속죄의 피를 흘리신 예수 그리스도를 믿을 때, 성령의 역사로 새 생명을 얻어 그 사람의 심령과 인격 전체에 근본적 일대 변혁을 일으키는 것이니 이는 진실로 천국 복음이다."라고 말하고 있다.

디트리히 본회퍼(D. Bonhoeffer)는 죄의 고백을 '회심'이라고 말한다. 그리고 그 회심의 사건은 우리를 이전과는 다른 새로운 삶으로 인도하는 새역사임을 명확하게 설명하고 있다. 성서에서는 이런 상태를 '새로운 피조물'(고후 5:17), '새로운 마음'(롬 12:2), '새사람'(엡 4:24)으로 표현하고 있다.

2. 중생의 필요성

• 우리가 아직 죄인 되었을 때에 그리스도께서 우리를 위하여 죽으심으로 하나님께서 우리에 대한 자기의 사랑을 확증하셨느니라 그러면 이제 우리가 그의 피로 말미암아 의롭다 하심을 받았으니 더욱 그로 말미암아 진노하심에서 구원을 받을 것이니 곧 우리가 원수 되었을 때에 그의 아들의 죽으심으로 말미암아 하나님과 화목하게 되었은즉 화목하게 된 자로서는 더욱 그의 살아나심으로 말미암아 구원을 받을 것이니라 그뿐 아니라 이제 우리로 화목하게 하신 우리 주 예수 그리스도로 말미암아 하나님 안에서 또한 즐거워하느니라 그러므로 한 사람으로 말미암아 죄가 세상에 들어오고 죄로 말미암아 사망이 들어왔나니 이와 같이 모든 사람이 죄를 지었으므로 사망이 모든 사람에게 이르렀느니라 (로마서 5:8-12)

사도 바울은 우리의 죄와 구원에 대해 어떻게 말하고 있습니까?

(그리스도께서 우리를 위하여 죽으심으로 구원을 주셨다. 이로써 자기의 사랑을 확실하게 보여 주셨다.)

성경은 인간이 모두 죄인이기 때문에 그리스도를 통한 거듭남, 즉 마음 바꾸기가 필요하다고 말하고 있다. 누구라도 '나는 참 깨끗한 사람이야!' 하고 자신 있게 말할 수 없다. 인간의 본성은 근본적으로 악하기 때문이다. 때에 따라서는 그 악한 본성대로 판단하고 행동하기를 주저하지 않는다. 창세기에는 인간이 절대적으로 선하신 하나님의 자비와 소망을 거역하고 타락한 죄인이 되었다고 한다. 그래서 인간은 변화가 필요하다.

8절의 '확증하셨다.'(sunistesin, 쉬니스테신)는 말은 그리스어 문법적으로 그리스도의 죽으심은 현재에도 그 사랑을 뚜렷하게 보여준다는 것을 의미한다. 하나님의 아들 예수 그리스도는 죄인들을 위해 죽으셨다. 그것은 신적 사랑, 즉 무조건적인 사랑이다. 12절의 '한 사람으로 말미암아'는 아담 안에서, 아담과 같은 죄의 속성을 지닌 자를 의미한다고 볼 수 있다. '모든 사람이 죄를 지었다.'는 표현은 범죄 행위들을 한 인간 개개인의 책임으로 부각시키고 있는 것이다. 모든 사람은 죄의 환경, 죄의 영향력에서 벗어날 수가 없다. 그런 우리가 그리스도의 희생적 죽음의 대가로 의롭게 되었으니 즐거워하고 자랑할 수밖에 없지 않겠는가.

3. 중생의 결과

• 너희가 다 믿음으로 말미암아 그리스도 예수 안에서 하나님의 아들이 되었으니
  (갈라디아서 3:26)

중생 이후의 결과는 무엇일까요? (참조 : 롬 4:2-8, 히 1:5)

(하나님의 아들(자녀)이 되는 것)

중생은 '나는 죄인입니다. 예수 그리스도여, 자비를 구하오니 나를 깨끗케 하소서'라는 회개의 사건이다. 회개(metanoia, 메타노이아)는 이전의 자신의 삶의 태도와 생각을 완전히 바꾸어 사랑이신 하나님께로 돌아오는 것을 일컫는다. 중생은 하나님을 향한 예수의 마음으로 탈바꿈되는 것으로서 궁극적으로는 하나님의 형상(imago Dei)을 회복하는 것이다. 우리는 중생과 동시에 하나님으로부터 의롭다고 인정받게 되며, 하나님의 가족, 즉 하나님의 자녀가 된다. 그것을 두고 전자는

'칭의', 후자는 '양자'라고 말한다.

::: 삶바꾸기 / 새로운 눈, 새로운 생명

다음 글을 읽고 주어진 질문에 답해 봅시다.

레오 톨스토이는 〈나의 회심〉이라는 글에서 이렇게 말합니다. "5년 전 나는 정말 예수 그리스도를 나의 주님으로 받아들였습니다. 그러자 나의 전생애가 변했습니다. 이전에 욕망하던 것을 욕망하지 않게 되고 오히려 이전에 구하지 않던 것들을 간구하게 되었습니다. 이전에 좋게 보이던 것이 좋지 않게 보이고 대수롭지 않게 보이던 것들이 이제는 중요한 것으로 보이게 되었습니다. 나는 소위 행운의 무지개를 찾아다니며 살았는데 그 허무함을 알게 되었습니다. 거짓으로 나를 꾸미는 것이나, 여인들과의 성생활이나, 술이 취해 기분 좋아 하는 것을 더 이상 행복으로 간주할 수 없게 되었습니다."

아씨시의 성 프란치스코는 옷을 두 번 벗은 경험이 있습니다. 아버지의 물건을 도둑질했다는 죄목으로 아버지에게 고소를 당했을 때, 그는 법정에서 속옷까지 완전히 벗어 아버지 앞에 내던지고 아버지와 자기가 아무런 관계가 없다는 것을 선언한 일이 있었습니다. 그 후 그는 예수를 믿고 철저한 사랑의 생활을 시작하였습니다. 어느 날 그는 거리를 지나다가 나병 환자 한 사람이 걸어오는 것을 보았습니다. 큰 자비심에 사로잡힌 성 프란치스코는 말에서 뛰어내려 나병환자를 껴안고 입을 맞추었으며 자기가 입던 옷을 전부 벗어 그 나환자 거지에게 입혀 주었습니다. 그런 행동을 취한 순간 그는 지금까지 관념적으로만 생각하고 있던 예수의 사랑 혹은 하나님의 자비를 비로소 깨달았다고 합니다.

진정으로 거듭난 성도라면 그 전에 가지고 있던 가치관이 완전히 바뀌는 경험을 하게 됩니다. 톨스토이의 가치관과 인생관이 바뀌었고, 프란치스코가 온전한 예수님의 사랑을 깨닫게 되듯이 말입니다. 이러한 변화는 자신뿐만 아니라 세상의 생명을 사랑하는 사람으로 살아가게 합니다. 그러한 삶의 변화에는 어떤 것들이 있는지 말해봅시다.

(각자의 생각을 들어 본다. 사람을 대하는 태도, 일을 대하는 자세, 인생관이나 가치관의 변화, 직장에서의 모습 등이 예가 될 수 있다.)

온전히 거듭난 신앙인은 물질적인 소유에 대해 집착하지 않는다. 하나님에 대한 새로운 생각은 청빈과 나눔에 있기 때문이다. 그리스도의 마음은 생명을 사랑하는 마음이므로 거듭나기 이전에는 생명적인 것에 관심기울이지 않았던 것들이 눈에 보이기 시작한다. 예컨대 동물의 고통과 숲의 소중함, 먹거리가 생산되기까지 모든 과정들에 대한 관심, 자신의 중심에서 미래 세대를 생각하는 환경의 관심 등이 그것이라고 볼 수 있겠다. 또한 가난한 사람들이 보이지 않았지만 새로운 영적인 눈을 갖게 되면서 가난한 사람을 돕는 마음이 생기기도 한다.

⠿ 문답하기

지금까지 나눈 내용들을 기억하면서 다음의 질문들에 답해 봅시다.

1. 중생 혹은 거듭남이란 무엇입니까?

중생은 자신의 죄를 회개하고, 예수 그리스도의 십자가 사랑을 깨닫고, 성령에 의해서 새로운 생명으로 태어나는 신비적인 사건이다(요 3:4-5; 눅 15:11-32).

2. 인간에게는 왜 중생이 필요할까요?

인간은 모두가 죄인이기 때문이다(롬 3:10).

3. 어떻게 하면 중생할 수 있습니까?

믿음으로 예수 그리스도를 구주로 시인하고 십자가의 사랑에 의지해야 한다 (요 1:12-13).

4. 중생한 신자의 결과는 무엇입니까?

하나님의 가족[자녀]이 되며, 하나님의 의롭다 여기심[올바른 사람으로 인정하심]을 받는 것이다. 또한 생명을 사랑하며 세상과 사람들을 사랑의 눈으로 바라보며 살아가는 것이다(롬 4:2-8; 갈 3:26; 히 1:5).

⠿ 묵상과 기도

아래에 주어진 성경말씀을 읽고 묵상해 봅시다. 묵상을 바탕으로 함께 기도하는 시간을 갖도록 합시다.

> 그는 허물과 죄로 죽었던 너희를 살리셨도다 그 때에 너희는 그 가운데서 행하여 이 세상 풍조를 따르고 공중의 권세 잡은 자를 따랐으니 곧 지금 불순종의 아들들 가운데서 역사하는 영이라 전에는 우리도 다 그 가운데서 우리 육체의 욕심을 따라 지내며 육체와 마음의 원하는 것을 하여 다른 이들과 같이 본질상 진노의 자녀이었더니 긍휼이 풍성하신 하나님이 우리를 사랑하신 그 큰 사랑을 인하여 허물로 죽은 우리를 그리스도와 함께 살리셨고 (너희는 은혜로 구원을 받은 것이라) (엡 2:1-5)

허물과 죄로 죽었던 우리를 살리신 하나님의 긍휼과 예수 그리스도의 사랑을 깊이 묵상합시다.

사랑의 주님!
내가 죄인임을 알게 하시고 당신의 선하신 빛으로 나를 깨끗하게 하소서.
하나님의 자비하심에 기대오니 십자가의 사랑을 깨닫게 하시고
약한 의지에 하나님의 영이 함께 하사
주의 구속의 진리를 따라 올바른 성도가 되게 하소서. 아멘.

MEMO

성결 (데살로니가전서 4장 1–8절)

새길 말씀 · 하나님의 뜻은 이것이니 너희의 거룩함이라 (살전 4:3)

1. 성경의 말씀을 통해 성결해야하는 이유를 알 수 있다.
2. 성결이 무엇인가를 설명할 수 있다.
3. 성결한 생활을 다짐하고 실천을 결단한다.

이룰 목표

말씀 이해

데살로니가 교인들은 윤리적인 문제 때문에 고민하고 있던 것이 분명하다. 데살로니가교회는 유대인과 이방인으로 구성되어 있었는데, 이방인들은 신앙인에게 허락된 '자유'를 '방종'으로 혼동하는 경우가 있었던 것이다. 사도 바울은 이러한 상황에 초점을 맞춰 선교 편지를 쓰면서 구구절절이, 요목조목 따져가며 그리스도인이 성결해야 할 것을 말하고 있다. 바울은 하나님께서 기뻐하는 자는 성결한 성도라는 것을 강조한다. 성결은 성령과 더불어 삶의 탈선을 방지하는 것이다. 우리는 그것을 '거룩한 삶, 성결한 삶'이라고 말한다. 거룩함은 세상과 구별됨을 일컫는다. 이 거룩이라는 용어는 신약에서 총 10회가 나오는데, 바울서신에만 8회가 등장한다. 그만큼 사도바울은 거룩, 즉 성결을 강조했다고 볼 수 있다.

하나님께서 우리를 부르신 목적은 '성화(聖化)'이다. 성화란 거룩함 안에 항상 거하는 삶을 말한다. 사람이 부정한 죄에 굴복하는 것은 인간에게 성결의 영을 주신 하나님을 저버리는 것이나 다름없다.

이런 맥락에서 볼 때 데살로니가교회는 재림의 문제를 잘 소화하지 못하고 있었다. 사람들은 종말이 다가올수록 깨어 있어서 자신의 몸가짐을 더욱 정결하게 하기보다는 끝없는 방종으로 치닫곤 했던 것이다. 특별히 사도 바울은 성적 관계의 순결을 강조하면서 육체의 사용은 항상 새롭게 이루어져야 한다고 이야기 하는데 그것이 거룩함이다. 예수님께서 하나님의 거룩한 목적을 온전히 성취하셨다면, 우리도 우리 자신의 삶을 통해 그리스도의 거룩함을 드러내도록 해야 한다.

79

믿음

⠿ 마음 나누기 / 교단 헌법이 가르쳐주는 '성결'

아래의 글 기독교대한성결교회의 헌법에 나와 있는 '성결'에 관련된 내용입니다. 읽고 주어진 질문에 답해 봅시다.

'성결'

이는 교인이 받을 성령 세례를 가리킴이니 주 예수께서 [요한은 물로 세례를 베풀었으나 너희는 몇 날이 못 되어 성령으로 세례를 받으리라] (행 1:5)고 약속하신 대로 오순절에 제자들은 성령의 세례, 즉 성결의 은혜를 체험하였으니(행 2:1-4) 우리도 모든 사람을 중생으로 인도하고 중생한 처지에 있는 신자들은 성결의 은혜를 체험하도록 인도한다. [모든 사람으로 더불어 화평함과 거룩함을 좇으라 이것이 없이는 아무도 주를 보지 못하리라] (히 12:14).

헌법의 내용을 바탕으로 '성결'에 대해서 각자의 생각을 이야기해 봅시다.

(성결은 성령의 세례를 받고(곧 성결의 은혜를 체험하고) 화평함과 거룩함을 좇아 살아가는 것이다. 성결한 신앙인은 믿지 않는 사람들에게 복음을 전하여 그들이 구원을 받게 하고 그들 역시 성결의 은혜를 체험하도록 도와야 한다.)

　　기독교대한성결교회의 헌법은 '성결'은 '성령 세례'를 통해 가능하다고 이야기한다. '성결'은 단순하게 인간의 의지를 바탕으로 한 도덕적이며 윤리적인 삶을 의미하지는 않는다. 오순절에 성령 세례를 체험한 제자들의 삶이 전적으로 변화된 것처럼 성결한 삶은 성령 세례를 체험한 사람들의 전인적인 변화이다. 성령을 체험한 사람은 모든 사람들과 더불어 화평함과 거룩함을 좇아 살게 된다. 그러한 삶은 단지 자기 한 사람에게만 국한되는 것이 아니라 믿지 않는 모든 사람들도 성결의 은혜를 체험할 수 있도록 인도하게 된다.

주어진 성경말씀을 읽고 주어진 질문에 대해 답해 봅시다.

1. 로마서 6장 22절에서 사도 바울은 거룩함(성결)에 이르기 위해서 무엇이 필요하다고 이야기하고 있습니까?

> • 그러나 이제는 너희가 죄로부터 해방되고 하나님께 종이 되어 거룩함에 이르는 열매를 맺었으니 그 마지막은 영생이라 (롬 6: 22)

(죄에서부터 해방되어 하나님의 종이 되는 것)

　사도 바울은 거룩함을 죄에서 해방된 상태, 곧 죄의 종이 아니라 하나님께 속한 종이라고 명확히 말해주고 있다. 원래 거룩을 나타내는 말인 히브리어 '카도쉬'(그리스어는 '하기오스')는 '분리', '구별'을 뜻하는(출 29:31-34; 눅 1:15 참조) 것이다. 성결한 성도는 죄의 삶이 아니라 사랑의 삶을 살아야 한다. 사도 바울은 거룩함에 이른 사람은 영생, 즉 썩지 아니할 생명을 소유한다고 말한다. 따라서 현대적인 의미에서 성결은 우리 자신을 비우고 하나님의 생명, 하나님의 사랑으로 채우라는 말이며, 그분의 품에서 사랑을 배우라는 의미이다. 그래야 우리도 그리스도의 사랑으로 물들게 될 것이다. (참조 : 롬 7:19-20)

2. 레위기 11장 45절을 읽어 봅시다. 하나님께서는 우리에게 어떤 명령을 하고 계신가요? 왜 그런 명령을 하실까요?

> • 나는 너희의 하나님이 되려고 너희를 애굽 땅에서 인도하여 낸 여호와라 내가 거룩하니 너희도 거룩할지어다 (레 11:45)

(내가 거룩하니 너희도 거룩하라)

　하나님은 하나님 자신이 거룩하니 인간도 거룩하라고 명령하고 계신다. 하나님께서 모든 죄로부터 구별된 존재이듯이 인간도 죄로부터 구별된 존재로 살아가기를 바라고 계시는 것이다. 성결은 하나님의 사랑으로 충만해지는 것이라고 말할 수 있다. 사랑으로 충만해진 삶은 자신에게만이 아니라 이웃에 대한 사랑으로 나아간다(참조 벧전 1:15, 호 11:9, 요 6:69).

3. 하나님께서는 우리에게 "거룩하라"고 명령하셨습니다. 어떻게 하면 우리가 거룩해질 수 있을까요? 디도서 3장 5절을 읽고 답해봅시다.

> • 우리를 구원하시되 우리가 행한 바 의로운 행위로 말미암지 아니하고 오직 그의 긍휼하심을 따라 중생의 씻음과 성령의 새롭게 하심으로 하셨나니 (딛 3:5)

(중생의 씻음과 성령의 새롭게 하심으로)

사도 바울은 성도가 거룩해지려면 중생함으로 거듭나야 한다고 말하고 있다. 더불어 성결은 바로 성령의 능력임을 잘 짚어주고 있다. '성령의 새롭게 하심'은 인간을 새롭게 창조하시는 하나님이 능력이며, 이는 영으로 다시 태어나는 것을 의미한다. 성결교단의 스승이신 이명직(李明稙) 목사는 성결은 "무죄하게 사는 생활"이라고 말하고 있다. 더 나아가서 "완전한 성결이라 함은 그리스도로 말미암아 성신의 세례를 받음이니 곧 거듭난 후에 믿음으로 순간에 받는 경험이니라. 또한 완전 성결은 원죄에서 정결케 씻음과 그 사람을 성별하여 하나님의 뜻을 이룰 능력을 주심이니라."고 그 의미를 설명하고 있다. 성서는 그리스도인의 성결이 하나님의 말씀과 예수 그리스도의 구속의 피, 그리고 하나님의 영으로 가능하다고 말한다 (참조 엡 5:26, 히 9:14-15, 요일 1:7).

4. 마태복음 22장 34-40절을 잘 읽어봅시다. 이 말씀에서 가르쳐 주고 있는 성결한 삶이란 어떤 모습이라고 생각하십니까?

> • 예수께서 사두개인들로 대답할 수 없게 하셨다 함을 바리새인들이 듣고 모였는데 그 (참조 엡 5:26, 히 9:14-15, 요일 1:7)중의 한 율법사가 예수를 시험하여 묻되 선생님 율법 중에서 어느 계명이 크니이까 예수께서 이르시되 네 마음을 다하고 목숨을 다하고 뜻을 다하여 주 너의 하나님을 사랑하라 하셨으니 이것이 크고 첫째 되는 계명이요 둘째도 그와 같으니 네 이웃을 네 자신 같이 사랑하라 하셨으니 이 두 계명이 온 율법과 선지자의 강령이니라 (마 22:34-40)

마태복음 22장 34-40절은 성도가 삶 전체를 통하여 하나님 사랑과 이웃 사랑으로 실천할 것을 말하고 있다. 하나님의 영에 의해서 거룩해진 성도는 이제부터 네 이웃을 네 몸과 같이 사랑하라는 그리스도의 명령과 또한 그 실천을 몸소 본으로 보여주신 그리스도를 닮아가는 삶으로 변화되어야 할 것이다. 그것은 비단 이웃을 사람에게만 한정짓지 말고 온 우주 만물을 사랑하는 데 까지 이르러야 할 것이다(참조 : 요 14:27, 롬 8:37, 갈 5:22-23, 엡 4:13, 요일 4:11).

삶바꾸기 / 내가 만약 누군가의 마음의 상처를...

다음 시를 읽고 주어진 질문에 답해 봅시다.

> 내가 만약 누군가의 마음의 상처를
> 막을 수 있다면 헛되이 사는 것 아니리
>
> 내가 만약 한 생명의 고통을 덜어주고
> 기진맥진해서 떨어지는 울새 한 마리를
> 다시 둥지에 올려놓을 수 있다면
> 내 헛되이 사는 것 아니리.
>
> 에밀리 디킨슨

에밀리 디킨슨은 아무리 작은 사랑이라도 우리가 사랑을 행해서 다른 사람이, 심지어는 작은 생명체라도 도움을 받을 수 있게 된다면 우리의 삶은 헛된 것이 아니라고 이야기하고 있습니다.

성결한 삶은 사랑을 실천하는 삶입니다. 가까운 시일 내에 내가 사랑할 수 있는 사람, 내가 사랑을 실천할 수 있는 방법을 생각해 보고 서로 이야기 나누어 봅시다.

사랑을 실천할 대상	사랑을 실천할 수 있는 방법
우리 마을 노인정의 어르신들	정성껏 간식을 준비하여 간식을 대접한다.
하나님을 향하여 나의 마음을 드린다.	10일 간의 특별 경건 기간을 작정하여 기도하고 말씀을 묵상하는 일에 힘쓴다.

어떻게 사랑을 실천할 것인가를 생각하는 것과 아울러 이웃을 사랑하고 존중하는 모습이 아닌 것은 어떤 것일까를 생각해 볼 수도 있다. 예컨대 이웃에게 상처를 주는 행위는 사랑의 행위는 아닐 것이다. 말로 상처를 주든지, 행위로 상처를 주든지 간에 상처는 또 다른 상처를 낳게 마련이다. 상처는 내가 살아가면서 이웃과 하나님께, 그리고 자연에게도 줄 수 있다. 상처는 아픔 이상의 결과를 가져온다. 이 모든 부정적인 어휘들은 사랑과 성결을 통해 하나님께서 자신을 드러내시는 모습이 아닐 것이다.

문답하기

지금까지 다룬 내용들을 기억하면서 다음의 질문들에 답해 봅시다.

1. 성결의 의미에 대해 말해봅시다(출 29:31-34; 눅 1:15).

   (성결은 모든 죄와 구별된 삶이며, 거듭난 이후에 남아 있는 죄의 잔재와 내면의 부패성이 완전히 제거되는 성령의 능력이다.)

2. 하나님께서 우리에게 성결하라고 명령하신 이유는 무엇입니까? (레 11:45)

   (하나님은 자신이 거룩하신 분이시기에 우리도 거룩하라고 하셨다.)

3. 성결하려면 어떻게 해야 합니까? (딛 3:5)

(그리스도의 구속의 피를 믿으며, 말씀과 성령으로 깨끗하게 될 수 있다.)

4. 성결한 모습을 말해봅시다(마 22:34-4, 갈 5:22-23).

(하나님과 이웃을 사랑하는 삶, 성령의 열매를 맺는 삶 등)

묵상과 기도

아래에 주어진 성경말씀 '선한 사마리아인의 비유'(눅 10:25-37)를 읽고 함께 묵상해 봅시다. 묵상을 바탕으로 함께 기도하는 시간을 갖도록 합시다.

25 어떤 율법교사가 일어나 예수를 시험하여 이르되 선생님 내가 무엇을 하여야 영생을 얻으리이까
26 예수께서 이르시되 율법에 무엇이라 기록되었으며 네가 어떻게 읽느냐
27 대답하여 이르되 네 마음을 다하며 목숨을 다하며 힘을 다하며 뜻을 다하여 주 너의 하나님을 사랑하고 또한 네 이웃을 네 자신 같이 사랑하라 하였나이다
28 예수께서 이르시되 네 대답이 옳도다 이를 행하라 그러면 살리라 하시니
29 그 사람이 자기를 옳게 보이려고 예수께 여짜오되 그러면 내 이웃이 누구니이까
30 예수께서 대답하여 이르시되 어떤 사람이 예루살렘에서 여리고로 내려가다가 강도를 만나매 강도들이 그 옷을 벗기고 때려 거의 죽은 것을 버리고 갔더라
31 마침 한 제사장이 그 길로 내려가다가 그를 보고 피하여 지나가고
32 또 이와 같이 한 레위인도 그 곳에 이르러 그를 보고 피하여 지나가되
33 어떤 사마리아 사람은 여행하는 중 거기 이르러 그를 보고 불쌍히 여겨
34 가까이 가서 기름과 포도주를 그 상처에 붓고 싸매고 자기 짐승에 태워 주막으로 데리고 가서 돌보아 주니라
35 그 이튿날 그가 주막 주인에게 데나리온 둘을 내어 주며 이르되 이 사람을 돌보아 주라 비용이 더 들면 내가 돌아올 때에 갚으리라 하였으니
36 네 생각에는 이 세 사람 중에 누가 강도 만난 자의 이웃이 되겠느냐
37 이르되 자비를 베푼 자니이다 예수께서 이르시되 가서 너도 이와 같이 하라 하시니라

나는 지금 사랑을 회피하는 죄를 짓고 있지는 않습니까?
오늘날 우리 주변에 어려움을 겪고 있는 사람,
고통을 받고 있는 사람(대상)이 있습니까?
있다면 그들을 어떻게 사랑할 수 있습니까?

거룩하신 하나님!
우리를 죄로부터 온전히 자유롭게 하시고 당신의 품속에서
그 자유와 사랑을 닮아가게 하소서.
예수님 이름으로 기도드립니다. 아멘.

신유 (마가복음 16장 17-18절)

새김 말씀 · 믿음의 기도는 병든 자를 구원하리니 주께서 그를 일으키시리라 혹시 죄를 범하였을지라도 사하심을 받으리라 (약 5:15)

1. 성경에 나타난 신유의 기적들을 믿는다.
2. 신유는 믿는 이들에게 주어지는 하나님의 선물임을 안다.
3. 기도와 믿음으로 신유의 은혜를 누리는 기쁜 삶을 산다.

이룰 목표

말씀 이해

신유는 하나님께서 우리를 구원하시겠다는 약속의 표징이다. 이러한 신유는 예수 그리스도의 이름에 의지해서 일어난다. 마가복음 16장 17-18절은 초대교회의 복음전도자들이 행사했던 표적들이다. 이와 같은 신유의 이적들은 신약성서 곳곳에서 등장한다(행 9:12, 고전 12:9, 약 5:14-16 참조). 특히 17-18절은 신유 사건에 있어서 믿음과 치유의 상관성에 주목하고 있다. 다시 말해서 성도가 치유받기 위해서는 믿음이 매우 밀접한 관계가 있다는 것을 시사한다. 하나님의 신유의 능력이 나타나기를 바라는 치유자나 병 낫기를 바라는 병자는 모두가 하나님께서 하실 수 있다는 믿음의 확신을 가져야만 한다. 신유는 하나님께서 성도를 통해서 나타내시는 하나님의 능력이기 때문이다. 그러나 이러한 신유의 역사는 특별한 사람이나 성령 세례를 받은 사람에게만 나타나는 능력은 아니다. 거듭난 그리스도인이라면 누구에게나 베풀어주시는 하나님의 능력이다. 또한 신유는 구원을 위한 표적으로 구원의 포괄적인 범위 안에 있다. 그래서 중생과 성결을 영혼의 구원이라고 하고, 신유를 육체의 구원이라고 표현하기도 한다. 마가복음 16장 18절에는 병자들에게 손을 얹는 신체적 접촉이 나타나는데, 이러한 행위는 하나님의 치유 능력을 전달하는 몸의 접촉이라고 볼 수 있다.

마음 나누기 / 건강을 허락하시는 하나님의 은혜

아래의 두 이야기를 읽고 주어진 질문에 답해 봅시다.

〈윤선생님의 가정에서 일어난 일〉

1995년 1월 22일, 이 날은 둘째 송이가 태어난 날입니다. 아들만 있는 우리 가정에 처음으로 생긴 딸이라 기쁨은 이루 말할 수 없었습니다. 잃어버릴 뻔한 일도 있었기에 정말로 소중하고 인형같이 예쁜 귀여운 딸이었습니다. 그러나 그 무렵 아내와 나는 점점 신앙생활을 소홀히 하기 시작했습니다. 아이들을 핑계로 교회의 봉사나 모임에 참여하는 것을 피했고, 더욱이 집이 멀다는 것을 무기삼아 더욱더 교회와 멀어지고 있었습니다. 그야말로 시계추처럼 교회에 왔다갔다만 할뿐이었습니다. 그런 우리 가정을 하나님께서는 돌이키기를 원하셨습니다. 세상을 본지 겨우 10개월 밖에 되지 않은 송이가 병원으로부터 '선천성 심장병' 이라는 판정을 받은 것입니다. 의사는 심장에서 새어 나오는 피가 많기 때문에 빨리 수술을 하지 않으면 생명이 위험하다고 하였습니다. 마침내 수술이 시작되었습니다. 배를 가르고 갈비뼈를 절단하여 심장을 들어내는 반나절 동안의 수술. 심장이 멈추고 기계에 생명을 의탁한 죽은 몸. 아침 7시 30분, 수술대에 멍하니 앉아 천진난만하게 수술실로 들어가는 송이의 모습을 보고 얼마나 마음이 아프고 힘들던지. 그러나 목사님과 학생회 선생님들의 기도는 놀라운 위력으로 역사하였습니다. 오후가 되어 수술이 끝났습니다. 수술은 성공적이었습니다. 수술실에서 다시 병실로 돌아오려면 이틀이 걸린다고 하였지만, 그것은 송이가 살아있으며 이틀만 있으면 다시 만나 볼 수 있다는 것을 의미했습니다. 할렐루야! 우리 송이를 다시 살게 해주신 하나님, 감사합니다.

〈이성봉 목사님의 신유 체험〉

다음의 글을 이성봉 목사님의 자서전에 기록된 내용을 바탕으로 한 것입니다. 이성봉 목사님은 첫 목회지인 수원교회 시절부터 병자가 일어나고 귀신들린 자들이 놓임을 받는 이적으로 많은 결실을 보게 되었는데, 이적을 동반한 이런 현상은 목사님이 부흥사로 활동하던 시대에도 지속되었습니다. 또한 목사님 스스로도 여러 번 신비한 영적 체험을 하게 됩니다. 대표적인 경우가 수원에서의 목회기간 중에 과로로 병상에 누운 상태에서 이루어진 영적 체험과 신유입니다.

1928. 8. 12.
그때 하늘로부터 십자가가 나타났다. 나는 분명히 주님이 달리신 그 십자가를 보았다. 감격하여 붙들고 애통하며 나의 모든 죄를 자복했다. 그(예수)는 나를 어루만져 주시며 천국으로 가자고 올라가는 것이었다. 한참 가다보니 수정같은 맑은 요단 강물이 흐르고 저편에서 화려하고 찬란한 천성이 보였다. 그런데 어디서 찬송소리가 들렸다. 갑자기 정신이 회복 되며 온 몸에서 식은 땀이 쭉 쏟아졌다. 아프던 내 몸이 거짓말처럼 완전히 나았다.

이러한 영적 체험은 이 목사님 자신의 말처럼 그 후로 자신의 신앙생활을 격려해주고 소망 중에서 살게 하며, 현실보다 내세를 더 그리워하며 하나님만을 의지하게 하는 동력이 되었고, 언제나 매너리즘에 빠지기 쉬운 그의 목회생활과 말씀사역 그리고 목회사역에 긴장을 불어넣는 활력소가 되었다.

위 이야기를 읽으면서 어떤 생각이 들었습니까? 기도를 통해서 병이 나은 체험이 있습니까?

(각자의 이야기를 들어본다.)

신앙생활을 하면서 신비한 체험을 한 신앙인들의 이야기는 항상 부러움의 대상이 된다. 대부분의 사람들은 체험을 통해서 자신의 믿음이 더욱 굳건해 질 것이라고 생각한다. 사실 실제적로도 신비한 신앙적 체험은 신앙을 성장시키는 중요한 요소이기도 하다. 특별히 아픈 몸이 고침을 받는 신유는 병에 걸린 사람에게는 가장 간절한 기도의 제목이 된다. 신유에 관련한 이야기는 신앙인들에게 희망, 소망, 기쁨, 기대, 감격과 영광 등의 마음을 갖게 한다.

꼭 큰 병이 아니더라도 일상생활 속에서 겪었던 작은 신유의 체험이라도 기억하도록 하자. 작은 체험 속에서도 하나님께 감사하며 허락하신 은혜를 나누는 것은 공동체의 은혜를 더욱 풍성하게 하는 귀중한 자세이다.

⣿ 탐구하기

주어진 성경 구절을 바탕으로 질문에 답해 봅시다.

1. 신유가 무엇이라고 생각하십니까? 고린도전서 12장 9절을 읽고 답해봅시다.

> • 다른 사람에게는 같은 성령으로 믿음을, 어떤 사람에게는 한 성령으로 병 고치는 은사를
> (고전 12:9)

(신유는 믿음으로 병을 고치는 것으로 성령의 능력이며 하나님의 은사이다.)

교단의 헌법은 '신유'에 대해서 다음과 같이 기술하고 있다. "이는 신자가 하나님의 보호로 항상 건강하게 지내는 것과 또는 병들었을 때에 하나님께 기도함으로 나음을 얻은 것을 가리킴이니 이 은사는 우리 육신을 안전케 하는 복음이다. 그러므로 주 예수께서 모든 신자들에게 이적이 따를 것을 언명하였으니(막 16: 17-18) 병 낫기 위하여 기도한다든가 안수하는 일은 당연한 특권이다. 그러나 신유를 믿는다 하여 의약을 부인하는 것은 아니다."

2. 왜 하나님은 우리에게 신유를 허락하셨을까요? 요한삼서 1장 2절을 읽고 생각해 봅시다.

> • 사랑하는 자여 네 영혼이 잘됨 같이 네가 범사에 잘되고 강건하기를 내가 간구하노라
> (요삼 1:2)

(하나님은 단지 우리의 영혼만 잘 되는 것이 아니라 육체적으로도 건강하며 일상생활 가운데서도 행복한 것을 바라시기 때문이다.)

이 구절은 신자의 영적 안녕과 인격의 성숙함뿐만 아니라 육체적 건강과 행복을 기원하는 것이다. 그러므로 신유는 우리가 건강하고 행복하기를 원하시는 하나님의 은혜이다. 그러나 하나님의 초자연적인 능력과 함께 의술과 의약도 하나님께서 허락하신 선물로 받아들이고 치료의 수단으로 이용할 수 있다.

3. 신유를 체험하려면 먼저 어떻게 해야 할까요? 마가복음 2장 5절을 읽고 생각해 봅시다(참조 : 눅 4:17-19, 5:12-16, 10:19).

> • 예수께서 그들의 믿음을 보시고 중풍병자에게 이르시되 작은 자야 네 죄 사함을 받았느니라 하시니 (막 2:5)

(죄를 회개하고 죄를 용서받아야 한다. 곧 죄의 문제를 먼저 해결해야 한다.)

모든 병이 죄 때문에 생긴것은 아니다. 인간들의 부주의함 때문에 병을 얻을 수도 있다. 하지만 인간의 죄로 인해 병을 얻을 수도 있다. 어떤 상황이든지 간에 기도로 병 낫기를 간구하며 나 자신을 돌아보는 것은 신앙인의 가장 처음 자세이다.

예수님께서 중풍병자를 고치신 이야기(막 2장)는 예수님의 능력에 대해 깊은 신뢰를 가지고 조건 없이 자기를 맡길 때 비로소 그러한 신유를 체험할 수 있다는 것을 보여 준다. 예수님은 그들에게서 예수님을 믿는 믿음을 보신 것이다.

사실 치유의 선포 대신 사죄의 선포를 하신 것은 이례적인 것이다. 죄와 질병 사이에 관련이 있다는 것은 유대교적 생각이었고, 당시 유대교는 사죄가 하나님만의 특권으로 보았기 때문이다. 그러나 치유는 사망과 죄악과 부패의 영향력 아래에 놓여 있는 인간에게 찾아오신 하나님의 은혜의 행동이다. 그런 의미에서 예수님의 치유는 하나님께서 약속하신, 그리고 이미 나타나고 있는 충만한 구원의 표지가 된다. 다만 우리는 하나님의 자비하심을 믿고 우리 자신의 처지를 겸손하게 아뢰고(눅 5:12-16), 그리스도의 십자가의 보혈을 의지하여 그 회복의 이적을 믿어야 한다(막 2:5).

4. 신유는 개인의 치유를 넘어서 사회와 우주적인 차원의 치유로 나아가야 합니다. 누가복음 19장 8-9절을 읽어 봅시다. 마음의 치유를 받은 세리는 어떻게 변화되었습니까?

> • 삭개오가 서서 주께 여짜오되 주여 보시옵소서 내 소유의 절반을 가난한 자들에게 주겠사오며 만일 누구의 것을 속여 빼앗은 일이 있으면 네 갑절이나 갚겠나이다 예수께서 이르시되 오늘 구원이 이 집에 이르렀으니 이 사람도 아브라함의 자손임이로다 (눅 19:8-9)

(자신의 문제가 해결된 것에만 감사한 것이 아니라, 치유함을 받은 은혜를 다른 사람들과 나누려고 하였다. 개인의 영적인 문제 해결은 일상생활과 사회적인 관계에서도 치유함이 나타날 수 있도록 확산되어야 한다.)

구원은 하나님과 올바른 관계 회복을 의미한다. 세리는 예수님을 통해 마음의 치유를 받고, 자신과 관련이 있는 이웃과의 관계를 치유하고자 나선다. '삭개오'라는 이름의 뜻은 '스가랴'(Zechariah), 즉 '하나님께서 기억하셨다'이다. 세리는 부르심에 응답하고 회개하여 '기억된 자'로 인정받을 수 있었다. 예수님께서 죄인의 집에 머무르신 것은 죄인과 죄를 나누고 마음을 나눈다는 것으로 비쳐질 수 있었다. 죄를 나누고(예수님 앞에 고백하고) 자신이 상처 난 마음을 나누면 치유가 이루어진다. 뿐만 아니라 인간 자신의 마음과 관계를 치유한다는 것은 사회와 지구를 치유하는 데로 나아갈 수 있음을 나타내주고 있는 것이다. 치유함을 받은 삭개오는 자신이 동족에게 상처를 주고 있음을 깨닫게 되었다. 개인적 양심과 사회적 불의를 알게 된 삭개오는 동족과 화해를 하게 된다. 사회적 치유는 화해, 정의, 회복을 통해 일어나고 또한 우주적 치유는 신음하는 자연을 사랑하고 생태계를 보전하는 생태정의가 실현되는 것이다(롬 8:18-25 참조).

⋮⋮⋮ 삶 바꾸기 / 지성에서 영성으로

다음은 한국 최고의 지성으로 인정받는 이어령 전문화부 장관의 인터뷰 내용 중 일부입니다. 젊은 시절 무신론자로 살았던 이어령 전장관은 2007년 세례를 받았습니다. 글을 읽고 질문에 답해 봅시다.

기자 : 딸이 실명위기를 무사히 넘기고 난 뒤 당신은 하나님과 기도로 약속한 대로 세례를 받게 됐다. 그러나 갑작스런 손자의 죽음으로 당신은 성경을 덮고 하나님을 원망한다. 죄 없는 손자의 죽음에 애통해했던 당신이 다시 영성의 길로 복귀할 수 있었던 이유는 무엇인가?

이어령 : 미국에 살고 있는 딸 아이가 전화로 망막박리증에 걸려 실명 위기에 처했단 소리를 했을 때 절망감이 들었다. 처음 태어나 나에게 보여 준 최초의 미소, 행복을 머금은 눈을 다시 볼 수 없다고 생각하니 고

통과 좌절감을 넘어 분노를 느꼈다.

그렇게 모든 것이 나의 의지가 아닌 하늘의 뜻대로 이뤄지며 2007년 일본에서 딸의 생일날 세례를 받게 된다. 사랑하는 딸이 힘들 때 곁에 있어준 하늘의 아버지 앞에서 나의 지성은 무릎을 꿇고 영성을 접했다. 하지만 세례 후 3개월 뒤 25살의 외손자가 갑작스런 죽음을 맞았다. 아무 죄 없는 외손자를 데려간 하나님에게 "왜 나에게 이런 불행을 주십니까?"하고 원망하며 마지막 기도를 드렸다.

그러다 어느 날 도스토예프스키의 「까라마조프가의 형제들」의 한 대화 장면이 떠올랐다. "사망이 죄의 값이면 갓 태어난 아이의 죽음은 어떻게 설명하시렵니까?", "그것은 이미 2천 년 전에 끝난 이야기다. 아이보다도 더 순결한 예수님이 아무 죄도 없이 십자가에서 못 박혀 돌아가시지 않았는가."

욥의 이야기, 하박국, 예레미야애가를 읽으며 하나님이 줘서 믿고 안줘서 안 믿는 것은 아님을 깨달았다. 딸의 병, 손자의 죽음으로 이어지는 인생의 시련 앞에서 드는 의문은 예수님의 죽음과 성경 속 이야기를 통해 풀렸고 신앙은 더욱 단단해졌다.

아버지 이어령씨를 하나님 앞으로 인도한 딸 장민아 집사는 상처와 치유의 삶을 살았다. 1992년, 이어령씨의 딸 민아 씨는 갑상선암 판정을 받았다. 수술을 했지만 1996년과 1999년에 두 차례나 암이 재발했다. 설상가상으로 유치원에 들어간 민아 씨의 작은 아들이 '주의력 결핍 과잉행동 장애'로 판명나면서 민아 씨는 밤마다 눈물을 흘렸다. 자신의 몸조차 감당하기 힘든 상황에 아들의 일까지 생기자 그녀는 아들의 치료를 위해 하와이로 이주했다. 하지만 이번엔 그녀의 눈이 점차 흐릿해졌다. 망막이 손상돼 거의 앞을 보지 못할 정도였다. 이 소식을 들은 이어령씨 부부는 급히 하와이로 건너갔다. 눈이 안 보여 일상생활을 못할 정도로 건강이 악화된 딸을 보고 두 부부의 마음은 타들어 갔다. 그 와중에도 딸은 오랫동안 지상의 아버지보다 하늘의 아버지로부터 돌봄을 받으며 큰 힘을 얻고 지냈다. 이어령씨는 자신의 사랑이 보잘 것 없음을 깨달았다. 열심히 믿는 딸의 소원을 들어주기 위해 하와이 교회에 첫 발걸음을 내밀었고 "우리 딸 낫게 해주시면 교회에 나가겠다."고 겁 없이 하나님과 계약을 맺을 때는 그게 정말 사실이 될 줄 알지 못했다. 이어령씨는 아이들을 봐줄 테니 한국에 가서 검사를 받자고 딸에게 요청했다. 얼마 후 기적 같은 일이 또 일어났다. 민아 씨가 점차 시력을 회복하더니 정상으로 되돌

93

믿음

아간 것이다. 수술을 받기 위해 병원을 찾았지만 의사는 망막이 다 나았다고 진단했다. 이러한 체험을 바탕으로 2007년 약속대로 세례를 받게 되었다.

이어령씨는 단지 병이 낫는 기적을 체험했기 때문에 하나님을 믿게 된 것은 아니라고 고백한다. 그러나 분명한 것은 신유의 은혜를 체험하는 과정에서 하나님을 향해 가지고 있던 많은 의문점들이 풀어졌다는 것이다. 그리고 하나님은 우리를 치유하시는 하나님이시라는 사실이다. 현재 딸 장민아 집사는 캘리포니아 주 검사와, 청소년 범죄 전문 변호사를 거쳐 목사가 되었다.

나에게도 하나님께서 병을 낫게 해 주실 수 있다는 믿음이 있습니까?
내 몸에서 치유되기 바라는 부분이 있습니까?
우리 가족 중에 낫기를 원하는 분이 있습니까?
신유의 은혜를 바라는 기도문을 적어봅시다.

우리가 건강하고 행복하기를 원하시는 주님,
주님께서 베풀어 주시는 치유의 은혜를 누리기 원합니다.

연약한 마음,
상처난 몸,
우리의 아픈 과거들을 주님의 사랑의 손길, 치유의 손길로 어루만져 주시옵소서.
우리를 회복시켜 주시옵소서.
예수님 이름으로 기도합니다. 아멘

신유의 역사는 예수 그리스도의 이름을 통한 기도로 이루어진다. 우리의 간절한 마음과 겸손한 기도가 우리를 강건하게 하며 질병으로부터 자유롭게 한다(마 15:25-28; 막 8:10; 눅 7:9; 17:19; 요 11:41-44). 예수를 그리스도로 고백하는 성도들에게 역사하시는 힘이 크다. 왜냐하면 예수 그리스도는 병든 영혼뿐 아니라 죽은 영혼을 구원하시는 치료자이기 때문이다.

문답하기

지금까지 다룬 내용들을 기억하면서 다음의 질문들에 답해 봅시다.

1. 신유란 무엇입니까? (고전 12:9)

(신유는 믿음을 통해 아픈 몸이 건강하게 되는 것으로 성령의 능력이며 은사
이다.)

2. 왜 하나님은 우리에게 신유를 베푸시는지 설명해봅시다.

(하나님은 우리가 건강하기를 원하시기에 은총을 베풀어 주신다(요3 2절). 또한
신유는 예수 그리스도를 드러내는 수단이다. 또한 우리가 건강함으로 하나님께
영광을 돌리는 존재로 살아가기 위함이다.)

3. 신유의 방법에 대해 설명해 봅시다.

(하나님께서 낫게 해주시리라는 믿음(막 2:5)을 가지고 먼저 회개의 기도를 통해
서(눅 5:8-16) 그분의 회복의 손길에 기대하는 것이다.)

▦ 묵상과 기도

예수 그리스도의 복음의 능력을 깊이 묵상하며 마태복음 11장 5절을 읽어 봅시다. 그 분께서 하신 일이 나의 삶에 회복을 주며, 개인뿐만 아니라 우리 사회와 온 우주에 정의가 실현될 수 있도록 기도합시다.

> 맹인이 보며 못 걷는 사람이 걸으며 나병환자가 깨끗함을 받으며 못 듣는 자가 들으며 죽은 자가 살아나며 가난한 자에게 복음이 전파된다 하라 (마 11:5)

주님!
그리스도의 자비에 기대오니
우리의 아픈 몸과 왜곡된 자아를 회복시켜 주시고
사회와 지구의 고통을 치유하여 주옵소서.
예수님의 이름으로 기도합니다. 아멘

MEMO

재림 (데살로니가전서 4장 13–18절)

새길 말씀 · 우리는 다른 이들과 같이 자지 말고 오직 깨어 정신을 차릴지라 (살전 5:6)

이룰 목표

1. 성경에서 말하는 재림의 징조와 모습을 묘사할 수 있다.
2. 재림의 목적을 설명할 수 있다.
3. 재림을 대비하는 삶을 산다.

말씀 이해

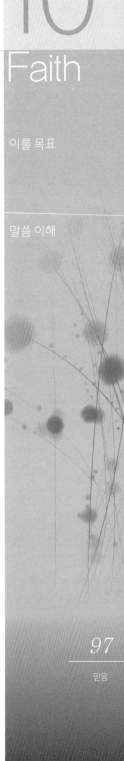

　사도행전 1장 9절에서 구름은 신현(theophany), 곧 하나님의 나타남을 뜻한다. 구름은 일반적으로 하나님의 모습을 드러낼 때 사용되었다. 또한 종말론적인 왕국의 도래와 관련하여 이 구름은 예수님의 재림 시에도 사용될 것이다. 이 구절에서 암시하듯이 예수님은 무한자(無限者)에서 유한자(有限者)로 와서(성육신), 유한자에서 무한자로 돌아가신다(승천). 다시 말해서 부활의 영광스러운 몸으로 돌아가신 것이다. 누가는 유달리 '봄(그들이 보는데, 보이지 않게)'을 강조하고 있는데 여기서 제자들은 승천의 목격자가 된다. 10절에서도 '쳐다보았다'는 것은 상당한 시간을 가지고 주의 깊게 바라보았다는 의미이다. '흰옷 입은 두 사람'은 천사를 말한다. 이 천사들은 주님의 재림 시에 그와 함께 강림할 것이다(막 8:38; 13:27; 살전 4:16; 계 19:14). 그분의 돌아가심(Deus Ascendit)은 교회로부터 영원히 떠나심이 아니라, 교회를 위하여 권능을 주시는 자가 되기 위하여 올라가신 것이다. '어찌하여 서서 하늘을 쳐다보느냐?(11절)' 천사의 책망은 우리로 하여금 해야 할 일이 있음을 깨우쳐 준다. 제자들은 자신들에게서 그처럼 극적으로 떠나가신 예수께서 동일한 방법으로 되돌아오실 것이라는 약속을 확고하게 믿으면서 기다려야 한다.

　데살로니가전서 4장에 따르면, 그리스도인에게 죽음은 오히려 은총이다. 왜냐하면 부활의 소망이 있는 사람들에게는 죽음이란 잠자는 것에 불과하기 때문이다(14절). '예수 안에서 자는 자들도'는 '예수를 통해서(dia) 자는 자들도'로 바꾸어 번역할 수 있다. 이 말은 죽음조차도 우리와 예수님 사이의 연합을 갈라놓을 수 없다는 의미이기도 하다. 성도들은 예수 그리스도의 재림 시에 예수님과 함께, 그리고 예수님을 통해서 강림하게 된다. 여기서 강림(파루시아, parousia)은 예수 그리스도가 친히 권세자로 임하시는 것을 말한다. 17절의 구름 속으로 '끌어올려'는 단어 하르파조는 '훔치다', '끌어가다', '채어가다', '억지로 끌고가다', '빼앗다' 등의 의미를 함축하고 있다. 따라서 끌어올림(혹은 휴거라고도 표현한다)은 강제적이고 돌연적인, 급작스런 구원을 표현한 것이다. 그날 우리 성도들의 끌어올려짐은 짐작도 할 수 없을 정도로 갑작스러운 사건이 될 것이다. 성도의 철저한 준비를 요청하는 강력한 언어라 할 수 있다. '우리가 항상 주와 함께 있으리라.' (살전 4:17)는 말은 우리와 '영원히' 함께 하시겠다는 예수 그리스도의 약속을 생각나게 한다. 우리는 예수 그리스도와 영원히 함께 살기로 작정된 존재들이다.

▦ 마음 나누기

다음 시를 읽고 주어진 질문에 답해 봅시다.

〈귀천(歸天)〉

천상병

나 하늘로 돌아가리라
나 하늘로 돌아가리라
새벽빛 와 닿으면 스러지는
이슬 더불어 손에 손잡고
나 하늘로 돌아가리라
노을빛 함께 단 둘이서
노을빛 함께 단 둘이서
기슭에서 놀다가 구름 손짓하면은
나 하늘로 돌아가리라
아름다운 세상 소풍 끝나는 날
세상 소풍 끝나는 날
가서 아름다웠다고 말하리라

위의 시는 천상병 시인의 귀천이라는 시입니다. 시인은 이 땅에서의 삶을 아름다운 소풍이라고 표현하고 있습니다. 비록 소풍은 아름답지만 언젠가는 마치고 집으로 다시 돌아가야 합니다. 그리스도인의 삶도 어쩌면 소풍과 같은 것입니다. 이 땅에서의 삶이 아름답게 느껴져도 언젠가는 마치고 우리의 본향인 하나님의 나라로 돌아가야 합니다. 그 나라에 가면 새로운 만남들이 기다리고 있습니다. 재림은 어쩌면 예수님을 만나는 날입니다. 만약 예수님과 마주대한다면 어떤 말이나 행동을 하고 싶습니까?

(각자의 이야기를 들어보자. 꼭 끌어안고 싶다. 사랑한다고 사랑을 고백하고 싶다. 감격해서 그냥 엉엉 울어버릴 것 같다 등의 대답을 예상할 수 있다.)

신학적이거나 너무 어려운 답을 기대하는 질문이 아니다. 직접 눈으로 예수님을 만나게 된다면 무슨 말을, 어떤 행동을 하고 싶은지 격의 없이 물어보는 것이다. 어떤 이에게 재림은 심판을 의미하는 공포로 표현될 수도 있겠지만 믿는 사람들에게는 예수님을 만나는 기쁨의 날이다. 소풍에서 돌아온 아이처럼, 혹은 먼 여행에서 돌아와서 부모님을, 그리고 사랑하는 사람을 만나는 사람처럼 우리는 예수님께 무슨 말을 할 수 있을까?

탐구하기

주어진 성경말씀을 읽고 질문에 대해 답해 봅시다.

1. 성경은 예수 그리스도의 재림을 분명하게 말하고 있습니다. 다음 성경구절을 소리내어 읽고 확인해 봅시다(행 1:9-11).

- 이 말씀을 마치시고 그들이 보는데 올려져 가시니 구름이 그를 가리어 보이지 않게 하더라 올라가실 때에 제자들이 자세히 하늘을 쳐다보고 있는데 흰 옷 입은 두 사람이 그들 곁에 서서 이르되 갈릴리 사람들아 어찌하여 서서 하늘을 쳐다보느냐 너희 가운데서 하늘로 올려지신 이 예수는 하늘로 가심을 본 그대로 오시리라 하였느니라 (행 1:9-11)

99

1992년 다미선교회는 예수님의 재림에 대한 잘못된 믿음으로 사람들을 현혹하여 물의를 빚은 바 있다. 예수님은 재림은 예수님 자신도 모르고 오직 하나님만 아시는 사건이라고 하셨다(마 24:36). 분명한 것은 예수님은 자신이 승천한 모습 그대로 다시 오실 것이라는 약속이다(행 1:11).

2. 성경에서 예수님은 당신이 다시 오실 때와 관련해서 어떤 것들을 가르쳐 주고 있습니까? 다음 성경구절을 읽고 이야기해 봅시다(마 24:3-14).

> • 예수께서 감람 산 위에 앉으셨을 때에 제자들이 조용히 와서 이르되 우리에게 이르소서 어느 때에 이런 일이 있겠사오며 또 주의 임하심과 세상 끝에는 무슨 징조가 있사오리이까 예수께서 대답하여 이르시되 너희가 사람의 미혹을 받지 않도록 주의하라 많은 사람이 내 이름으로 와서 이르되 나는 그리스도라 하여 많은 사람을 미혹하리라 난리와 난리 소문을 듣겠으나 너희는 삼가 두려워하지 말라 이런 일이 있어야 하되 아직 끝은 아니니라 민족이 민족을, 나라가 나라를 대적하여 일어나겠고 곳곳에 기근과 지진이 있으리니 이 모든 것은 재난의 시작이니라 그 때에 사람들이 너희를 환난에 넘겨 주겠으며 너희를 죽이리니 너희가 내 이름 때문에 모든 민족에게 미움을 받으리라 그 때에 많은 사람이 실족하게 되어 서로 잡아 주고 서로 미워하겠으며 거짓 선지자가 많이 일어나 많은 사람을 미혹하겠으며 불법이 성하므로 많은 사람의 사랑이 식어지리라 그러나 끝까지 견디는 자는 구원을 얻으리라 이 천국 복음이 모든 민족에게 증언되기 위하여 온 세상에 전파되리니 그제야 끝이 오리라
> (마 24:3-14)

(사람의 미혹을 받지 않도록 주의하라. 많은 사람이 거짓으로 그리스도라고 사칭하여 사람들을 미혹한다. 난리와 소문이 있을 것이다. 그러나 난리와 소문에 두려워 하지 말라. 그러나 난리와 소문이 끝은 아니니 두려워 하지 말라. 민족이 민족을, 나라가 나라를 대적하여 싸움이 일어난다. 곳곳에 기근과 지진이 있으니 이 모든 것은 재난의 시작이다. 그 때에 너희는 환난을 당할 것이다. 죽임도 당하며 예수님의 이름 때문에 모든 민족에게 미움을 받게 된다. 많은 사람이 실족하게 되어 서로 잡아 주고 서로 미워한다. 거짓 선지자가 많이 일어나 많은 사람을 미혹한다. 불법이 성하므로 많은 사람의 사랑이 식어진다. 그러나 끝까지 견디는 자는 구원을 얻는다. 이 천국 복음이 모든 민족에게 증언되기 위하여 온 세상에 전파되리니 그제야 끝이 온다.)

예수님은 재림의 시기는 알 수 없다고 말씀하신다(막 13:32). 주의 날은 밤중의 도둑처럼 홀연히 올 것이다. 누구도 그 날을 예견할 수 없다. 종말론은 여러 현상들을 제시하지만 시간계산법으로 확정할 수는 없다. 다만 그 때의 환난과 고난을 참고 견디는 사람만이 구원을 얻을 것이라고 알려준다.

3. 예수님께서 다시 오실 때의 모습을 성경을 통해 확인해 봅시다.
   (마 24:29-31)

• 그 날 환난 후에 즉시 해가 어두워지며 달이 빛을 내지 아니하며 별들이 하늘에서 떨어지며 하늘의 권능들이 흔들리리라 그 때에 인자의 징조가 하늘에서 보이겠고 그 때에 땅의 모든 족속들이 통곡하며 그들이 인자가 구름을 타고 능력과 큰 영광으로 오는 것을 보리라 그가 큰 나팔소리와 함께 천사들을 보내리니 그들이 그의 택하신 자들을 하늘 이 끝에서 저 끝까지 사방에서 모으리라 (마 24:29-31)

(모두가 소리를 내어 읽어 본다.)

재림하신 예수 그리스도는 준비된 성도들을 자기 처소로 영접할 것이며, 자기에게 속한 백성들을 영화로운 몸으로 변화시킬 것이다. 예수와 함께 강림한 성도들은 예수께서 친히 준비하신 혼인잔치에 참여하게 될 것이다. 대환란이 끝난 후 지상에 재림하는 예수 그리스도를 만민이 보게 될 것이다.

4. 예수님께서 재림하신 후 다시 이루어지게 될 세상은 어떤 모습일까요? 아래의 성경 말씀을 읽고서 상상해 봅시다(사 11:6-9).

• 그 때에 이리가 어린 양과 함께 살며 표범이 어린 염소와 함께 누우며 송아지와 어린 사자와 살진 짐승이 함께 있어 어린 아이에게 끌리며 암소와 곰이 함께 먹으며 그것들의 새끼가 함께 엎드리며 사자가 소처럼 풀을 먹을 것이며 젖 먹는 아이가 독사의 구멍에서 장난하며 젖 뗀 어린 아이가 독사의 굴에 손을 넣을 것이라 내 거룩한 산 모든 곳에서 해 됨도 없고 상함도 없을 것이니 이는 물이 바다를 덮음 같이 여호와를 아는 지식이 세상에 충만할 것임이니라 (사 11:6-9)

(각자의 생각을 들어본다. 성경말씀을 바탕으로 한다면 싸움과 전쟁같은 다툼이 없는 평화로운 세상, 하나님의 영광이 충만한 세상 등의 답을 생각할 수 있다.)

재림이후에는 모든 세상이 하나님의 주권을 인정하고 즐겁게 복종할 때가 올 것이다. 이러한 재림이야말로 궁극적으로 하나님의 구원의 완성이자 성취이다. 사람과 사람의 정의, 자연과 인간의 화해가 이루어지는 것이야말로 하나님께서 의도하신 구원의 목적 혹은 재림의 목적이라고 볼 수 있다. 그래서 우리는 예수의 다시 오심을 고대하게 된다.

5. 예수님은 다시 오십니다. 그리스도인이라면 예수님께서 다시 오실 것을 기대하며 준비하는 마음으로 살아야 합니다. 어떤 마음으로 준비해야 할까요? 다음의 성경말씀을 읽어보고 생각해 봅시다(눅 12:35-40).

> • 허리에 띠를 띠고 등불을 켜고 서 있으라 너희는 마치 그 주인이 혼인 집에서 돌아와 문을 두드리면 곧 열어 주려고 기다리는 사람과 같이 되라 주인이 와서 깨어 있는 것을 보면 그 종들은 복이 있으리로다 내가 진실로 너희에게 이르노니 주인이 띠를 띠고 그 종들을 자리에 앉히고 나아와 수종들리라 주인이 혹 이경에나 혹 삼경에 이르러서도 종들이 그같이 하고 있는 것을 보면 그 종들은 복이 있으리로다 너희도 아는 바니 집 주인이 만일 도둑이 어느 때에 이를 줄 알았더라면 그 집을 뚫지 못하게 하였으리라 그러므로 너희도 준비하고 있으라 생각하지 않은 때에 인자가 오리라 하시니라 (눅 12:35-40)

(언제 오실지는 알 수 없지만 실망하지 말고 포기하지 말고 기다려야 한다. 만일 어떤 사람이 도둑이 자신의 집에 들어올 것이라는 사실을 안다면 도둑으로부터 집을 지키기 위해 깨어 준비하고 있을 것이다. 반기지 않는 도둑에 대한 대비도 이렇다면 주님이 다시오시는 재림에 대한 대비도 철저히 해야 한다.)

35절에서 '허리에 띠를 두르다.'는 것은 밖으로 여행을 떠날 준비를 한다는 것이요, 등잔(횃불)은 어두운 동안의 활동을 위한 준비를 암시한다. 유대인들은 혼인 잔치를 밤에 거행했는데, 손님들이 돌아가는 시간은 보통 한밤중을 지나게 된다. 그러므로 종들은 문을 열어주기 위해 주인과 사람들이 돌아올 '때'(순간)까지 잠자지 말고 기다려야 한다. 성서는 인자의 갑작스런 오심을 도적에 비유한다. 미처 준비하지 못한 자들에게는 재림이 도적같이 임할 것이다. 그러므로 신자는 재림에 대비하여 기도 하며 깨어 있어야 한다. 신학자 에밀 부르너는 재림에 대한 '기대가 없는 신앙은 어디로 향하는지도 모르며 허공을 향하여 버텨 놓은 사다리와 같은 것이다.' 라고 표현했다. 교단의 헌법은 "재림이 신앙생활의 요소이며(살전 3:13), 소망이요(살전 2:19-20), 경성이 된다(마 24:44; 25:13)."고 말하고 있다.

▦ 삶바꾸기 / 재림, 어떻게 준비해야 할까요?

아래의 글을 읽고 질문에 답해 봅시다.

다미선교회는 '다가올 미래를 대비하라.' 는 의미를 지닌 시한부종말론을 믿는 사이비 단체였습니다. 다미선교회 사건은 이 단체를 이끌었던 이장림씨를 비롯한 시한부종말론자들이 1992년 10월 28일에 세계가 종말하면서 휴거 즉, 예수님이 세상에 오셔서 신도들이 하늘로 들림 받는 일이 일어날 것이라는 주장을 폈던 것입니다. 그러나 막상 그 해 10월 28일에는 아무런 일이 일어나지 않았습니다.

이보다 앞서 1992년 9월 24일에 서울지방검찰청 강력부는 이장림씨를 사기 및 외환관리법 위반 혐의로 구속하였습니다. 또한 검찰은 이씨가 신도 4명으로부터 6억 5천만원을 갈취하였으며, 개인적으로 34억 원을 사용한 장부를 입수하였다고 밝혔습니다. 뿐만 아니라 천만 원 이상을 헌납한 신도가 30여 명에 이르렀고 그 중 일부는 10월 28일까지의 생활비를 뺀 전 재산까지 헌납했다고 합니다. 신도들은 자발적으로 헌납했다고 주장했지만 검찰은 이씨가 1993년 5월 22일에 만기되는 환매채를 사들인 것이 확인되어 사기로 판단하였습니다. 이어 검찰은 수표 1억 9300만원, 환매채 3억원, 26,700달러를 이씨의 자택에서 압수하기도 하였습니다. 맹신도들은 이장림씨의 거짓 종말론에 세뇌되어 학업이나 생업을 포기하고 큰 재산을 잃고 말았습니다.

한 철도공무원은 시한부종말론의 설교 테이프를 열차 안에서 틀다가 해직되었습니다. 이 철도공무원은 거기에서 그치지 않고, 퇴직금을 종말론 교회에 헌납했을 뿐만 아니라, 두 자녀를 데리고 잠적해버렸습니다. 당시 30대였던 한 주부는 중학교 1학년생이었던 아들을 데리고 경남지역에서 선교를 하겠다고 가출을 했습니다. 전라남도 강진군에서는 여고생이 부모가 종말론교회에 나가지 못하게 했다는 이유로 음독자살을 하기도 했습니다. 한 아버지와 세 아들은 모두 종말론에 빠져 가정이 깨지고, 그 중 두 아들은 북한과 외국에서 순교한다며 가출하기도 했습니다.

전라북도 완주에서는 어린이를 포함한 신도 10여명이 1991년 10월부터 가정을 내팽긴 채로 외부와의 접촉을 끊으며 기도원에서 생활을 했습니다. 그 외에도 다미 선교회의 종말론의 피해는 100여건에 달했던 것으로 나타났습니다. 우리가 다 아는 것처럼 다미선교회가 주장했던 것과는 달리 휴거는 일어나지 않았습니다. 당시 신도 중에 한 사람은 방송국과의 인터뷰에서 "무엇을 부끄러워하겠어요. 예수님이 나의 생명의 주인이고 오실 예수님 기다렸는데 에러가 났으면 또 오실 예수님 기다리면 되는 거 아니겠어요."라고 말하기도 하였습니다. 그러나 대부분의 신도들은 허탈한 표정으로 세상으로 돌아갔습니다. 결국 신도들에게는 다가올 미래를 대비하라며 모든 것을 포기하게 해 놓고 정작 자신은 미래를 위해 돈을 축적한 사기꾼에게 당한 사기 사건이 되고 말았습니다.

다미 선교회의 신앙 모습에서 잘못된 점은 무엇이라고 생각하십니까?

(예수님께서는 그 때는 아무도 알 수 없다고 하셨음에도 특정한 날짜를 정하고 기다렸다. 재림을 기다리면서 지금 당장의 삶을 버려두고 파탄의 지경에 까지 이르렀다. 자신들의 신앙으로 인해 가정과 사회에도 큰 폐해를 입혔다.)

재림을 믿는 기독교인에게 요구되는 바람직한 자세는 무엇이라고 생각하십니까? 빌립보서 3장 12~16절의 말씀을 참고로 하여 답해 봅시다.

• 내가 이미 얻었다 함도 아니요 온전히 이루었다 함도 아니라 오직 내가 그리스도 예수께 잡힌 바 된 그것을 잡으려고 달려가노라 형제들아 나는 아직 내가 잡은 줄로 여기지 아니하고 오직 한 일 즉 뒤에 있는 것은 잊어버리고 앞에 있는 것을 잡으려고 푯대를 향하여 그리스도 예수 안에서 하나님이 위에서 부르신 부름의 상을 위하여 달려가노라 그러므로 누구든지 우리 온전히 이룬 자들은 이렇게 생각할지니 만일 어떤 일에 너희가 달리 생각하면 하나님이 이것도 너희에게 나타내시리라 오직 우리가 어디까지 이르렀든지 그대로 행할 것이라

(재림과 휴거에 대한 분명한 믿음은 있어야 하지만 그것 때문에 일상에서의 신앙을 소홀히 여길 것이 아니라 우리에게 맡겨진 사명을 기억하며 하나님을 사랑하고 이웃을 사랑하며 기도와 말씀으로 살아가야 한다.)

위의 말씀은 바울이 자신의 삶을 돌아보면서 다짐처럼 되새기고 성도들이 지표로 삼을 수 있도록 주신 말씀이다. 성숙한 신앙인이라면 과거에 연연해 하지 않고 계속적으로 신앙적 성숙을 위해 힘써야 한다. 한편으로 재림의 관점에서 본다면 재림에 대한 분명한 믿음은 오늘의 삶을 더욱 충실하게 그리스도의 뜻을 이루어가는 모습을 통해 구현되어야 한다.

시한부 종말론은 어제 오늘에 있었던 일이 아니다. 기독교 2000년 역사 속에 반복하여 나타난 현상들이다. 우리의 신앙은 이런 때 일수록 흔들리지 말고, 사도 바울의 고백처럼 어디까지 이르렀던지 그대로 행하면 된다.

⠿ 문답하기

지금까지 다룬 내용들을 기억하면서 다음의 질문들에 답해 봅시다.

1. 재림의 징조와 모습에 대해서 말해봅시다.

(전쟁, 기근, 온역, 지진 등 〈마태 24장과 누가 21장 참조〉)

2. 재림 후의 세상은 어떤 세상일까요?

(하나님의 통치가 온전히 이루어지는 평화스러운 세상)

3. 재림을 어떻게 준비해야 합니까? (눅 12:35)

(기도와 말씀으로 깨어 있어야 한다.)

■ 묵상과 기도

우리는 오실 예수 그리스도의 재림에 대한 기대를 가지고 기다리고 있습니까?
아래에 주어진 성경말씀을 읽고 함께 묵상해 봅시다.
묵상을 바탕으로 함께 기도하는 시간을 갖도록 합시다.

> 이르되 갈릴리 사람들아 어찌하여 서서 하늘을 쳐다보느냐 너희 가운데서 하늘로 올려지신 이
> 예수는 하늘로 가심을 본 그대로 오시리라 하였느니라 (행 1:11)

나의 주님!
나의 믿음을 튼튼하게 하사 주님의 다시 오심을 기대하는 것만큼
나의 삶도 주님의 기대 안에 있게 하옵소서.
예수님 이름으로 기도합니다. 아멘.

MEMO